台灣水邊的日常風景

小島捕魚

島の伝統漁

台湾水辺の日常

行人文化實驗室
企劃

©綠色

給中文讀者的話

台灣在海洋枯竭的議題上擔任極為重要角色：因為我們是世界級的遠洋漁業大國，年產值四百多億元（2014），居全球前三位。其中，鮪魚延繩釣產業規模世界第一、秋刀魚漁獲量世界第一。如果如2006年的《科學》（Science）雜誌研究所說，2048年海洋將會枯竭，那麼身為最大受益國的我們，是不是應當採取一些作為？

我們或許可以謹慎選擇吃魚，用消費投下永續海洋的一票。（請見綠色和平網站。）我們可以關注海洋法律，監督台灣漁業沒有危害地球。（請見環境資訊中心網站。）我們可以走到海岸參與淨灘活動，保持海岸的美麗。我們可以去漁村住一晚，深入了解漁民的生活方式與困難。我們也可以沿著海岸線慢慢走一圈，感受所有台灣人在不同時期「過鹹水」而來的共同歷史。

行人文化實驗室選擇去拜訪以雙手與海搏鬥的漁人，希望從他們的口中聽到他們與海洋的共存之道，希望從他們採用的漁法，觀察到背後隱藏的自然倫理。我們有興趣的不是為台灣帶來豐沛外匯的遠洋漁業，我們關心的是在台灣1,600公里的海岸線上，與海洋進行日常戰役的漁人們：他們採用簡單漁具、沒有豐沛資本、沒有耗費大量汽油的機具、取得的漁獲基本上也大多是親友自用，只是為了自身的生存而奮戰。這種早於資本主義之前就存在的生存之道，是否能給我們一些啟發，以面對枯竭的海洋？

從漁業大國的角度，遠洋漁業船上搏命的漁人是我們的英雄，他們也的確值得欽佩。從友善生態、與自然共存的角度，這些持簡單漁具的漁人，則是我們關心學習的對象。在這本書中，我們從這個有些曲折的切入點，展現漁人的記憶與技藝，尋找海島上「另外一種英雄」。以此為根本，我們也想著，這個屬於過去歷史的漁人生活，有沒有可能給我們新的未來？

日本の読者の皆さまへ

台湾人の私がいうのもなんですが、台湾は実に美しい国です。台湾は日本と同じ島国であり、この小さな土地に様々な地形が詰まっているため、四季折々、素晴らしい景色を覗かせてくれます。一方、政治的支配者の入れ替わりにより多元的な文化が台湾を彩っています。この土地に詰まっている文化の一部は中国大陸から、オランダ、スペイン、南の島々、そして日本から来ています。しかし、もちろん台湾先住民自らの知恵や発明もあります。この本では台湾独自の様々な文化や漁の方法を皆様にご紹介しています。

ここ数年、台湾へ観光に来られる日本人が増えつつあります。台湾各地の都市を巡ると台湾の歴史上の支配者の移り変わりにより市街地に様々な違った印象を与えていることが分かると思います。例えば、台湾のあちこちに日本の優秀な技術者の方々が残した建築物や構造物があります。それから、中国の職人の工芸技術による伝統的な廟（お寺）も多く残されています。さらに、郊外や海岸に行けば、このような多様性は各地に行われている伝統漁にも現れています。この本は台湾が好きな方々へ、都会の観光客または台湾人でも見たことがないような海や川の水辺の風景を散策することを提案しているのです。

ご存知ないかもしれないですが、台湾は小さいわりには遠洋漁業の漁獲量が世界の三位以内を維持するほどの実力を持っています。経済的な面からは確かに誇りに言えることかもしれませんが、世界的に水産資源が枯渇へと突き進んでいる現実から考えれば、台湾も自然環境に対してより謙虚になるべきではないかという反省点があるようにも思えます。台湾中央政府が誇りにしている「漁業大国」よりも、我々はより素晴らしく、より美しく新鮮な≪島の漁≫を知っていただきたいです。

本書でご紹介している漁の多くは直接現地で目に触れることが可能なもの、体験型のものです。そして、漁をする場所の近くには新鮮な海鮮を楽しむ店が設けられている場合が多いです。都会から少し離れており、交通手段はバスやタクシーなどと少し限られていますが、美しい海の町ですので、一度訪れるとまた行きたくなることでしょう。

目錄

目次

島東

島東部

蹦火仔
（ボン・ホェイアー）硫黄火漁

———

新北・金山｜5月至9月｜青鱗仔

新北・金山｜5月〜9月｜イワシ

金山區磺港鄉位於台灣新北市東北部，背山面海的天然優良條件，一躍為重要的漁獲重地。磺火捕魚，是一種傳承百年的蹦火仔技法，為全世界僅存。蹦火仔是利用當地盛產的磺石來捕魚。負責蹦火仔的火長站在船頭找魚，一發現魚汛，立刻以磺石加水點火，產生乙炔而發出「蹦」的聲音，火長持著火把照亮了海面，吸引趨光性的青鱗仔跳躍，船上的船腳則利用手叉網將魚撈入船艙。

金山区磺港郷は台湾新北市の北東部に位置しており、前に海が広がり、後に山があるという非常に優れた地理環境に恵まれ、魚の捕獲重鎮となった。硫黄火漁は100年以上伝承されてきた漁法であり、世界でここしか保存されていない。蹦火仔とは、ここの特産である硫黄石を使って魚を獲ることだ。蹦火仔を担当する火長は舳先で魚群を探し、見つかれば硫黄を水につけて点火する。アセチレンが大きな音を出して爆発する。火長が松明を持って海面を照らすと、光に引き寄せられたイワシが海面に飛び上がってくる。そこで船員たちは抄網を持って魚を船室に掬い上げる。

一幀《礦火之夜：捕青鱗魚》的照片，登上二〇一三年九月號《國家地理雜誌》英文雙版面，再次讓人注意到世界僅存的礦火捕魚法，也就是流傳超過一百年的「蹦火仔」。照片中的船是「明順8號」，盧秀雄在這艘船上擔任火長約二、三年，後來年紀大了退休。目前金山礦港內僅剩四艘蹦火仔船，使用的是全世界僅存的礦火漁法「蹦火仔」，以礦石（俗稱電土）加水後產生的乙炔點火誘魚。

滿牆獎狀，見證一個為大海而生的人

盧秀雄可說是為大海而生的人。他說：「雖然我沒有讀書，可是我卻拿到討海大學的畢業證書。」客廳的牆面上掛滿了獎狀和獲獎紀念牌，這些獎狀都是巾著網（也就是圍網）捕烏魚的成果，卻沒有一張是「蹦火仔」。盧秀雄說，「蹦火仔」捕撈到的魚獲量很有限，所以不會有比賽，當然也就沒有獎狀。

2013年9月号の「ナショナル・ジオグラフィック」英語雑誌版のダブル表紙を飾ったのは、「硫黄の火が光る夜のいわし漁」の写真だ。台湾で百年以上受け継がれてきた「蹦火仔」（ボン・ホェイアー）とは、世界でわずかしか残っていない硫黄火漁のこと。表紙を飾ったことでこの硫黄火漁が再び注目されるようになった。写真の漁船は「明順8号」、この船で火をつける役割の火長を2～3年担当してきた盧秀雄氏は、高齢のため引退された。硫黄火漁とは、硫黄石を水につけると引火性のあるアセチレンという気体が発生し、そこに火をつけ強烈な炎で魚を惹き寄せることだ。世界中でここ金山礦港にしかない「蹦火仔」硫黄火漁の漁船も、いま残りわずか四隻となった。

壁を飾る多くの表彰状、海に生きた人の証し

盧氏は海に生きた人。彼はこう言う：「学校に通うことはできなかったが、漁師大学の卒業証書はとれた」。居間の壁には、巾着網ボラ漁でとった表彰状やトロフィーなどが飾られていた。「蹦火仔」で収穫量に限りがあり、漁獲量を競う大会もないため、もちろん表彰状もない。

自稱是討海大學畢業的盧秀雄。
自称、漁業大学卒業の盧秀雄氏。

蹦火仔就像是一場在海上的煙火秀。
蹦火仔はまるで海での花火。

靠著勤奮自學以及對討海生活的熱情，盧秀雄十三歲第一次出海，十六歲
就當上火長。在蹦火仔船上，火長就等於是船長，船要開往什麼方向、何
時出網，全聽火長指揮；漁季來臨之前的準備工作及人員分工，也都由火
長發落。一般船主不會上船，以避免與火長意見不同時，海腳無所適從，
容易空手而歸。一直到現今七十七歲了，還是駕著小船出海捕魚、釣魚，
或是載攝影團出海捕捉蹦火仔船的精彩鏡頭。城市人到公園裡散步當運
動，盧秀雄則是把出海當運動，要他不出海，簡直就是要了他的命。

蹦火仔漁法最危險的就是乙炔氣體的控制，在盧秀雄的蹦火仔生涯中，曾
有村裡的人因此發生意外。盧秀雄回憶，「有時候負責加水到礦石桶的海
腳太古意，不小心水加太多，又不敢講，這時候只要一點燃，火就會太
大，容易出事。還有一次，海腳們趁著空檔在船上補眠，結果睡在甲板上
的人不小心踢到水的開關，水就一直流入礦石桶裡，最後乙炔氣體爆炸，
有人就被震彈到海裡去，連遺體都找不到。」

勤勉な自学と海に対する情熱で、盧氏は13歳にしてはじめて海に漁に
出た。またわずか16歳で火長の大役を任された。蹦火仔船上の火長は
即ち船長である。向かう方向も網出すタイミングもすべて火長が指示
する。漁期がやってくる前の準備作業や担当振り分けも火長が決めてい
く。通常、漁船の持ち主は船に上がってこない。火長と意見が異なると
他のメンバーが困惑してしまい、漁に影響が出やすいからだ。現在77
歳になった盧氏は、小さな船に乗り、漁や釣りに出たり、また撮影チー
ムを乗せて蹦火仔のシーンを撮りに行ったりする。都会人の運動は公園
での散歩とかだが、盧氏の運動は海に出ることだ。海に出ると生き生き
する。

蹦火仔漁法で最も危険なのはアセチレンの度合いだ。盧氏が蹦火仔に関
わってきた中で、村人が何度か事故を起こした。盧氏はこう振り返る。
「硫黄石の入った桶に、メンバーが水を入れすぎたりすることがある。
でも素直に言えずに火をつけてしまうと、炎が大きく上がりすぎて事故

出海前需備好最重要的磺石。
海に出る前に最も重要な硫黄石を準備する。

出海後，火長使用探照燈尋找魚群位置。
海に出たら火長がサーチライトで魚群を探す。

船員齊力準備網子，讓網子斜倚在船邊
船員たちは抄網を船の横に準備しておく

火長點起磺火，吸引魚群聚集。
火長が硫黄に火をつけて魚を引きつける。

金山磺港巾著網漁法第一人

盧秀雄雖然小學沒有畢業，得知有人在南方澳用這種方法捕漁，因此先招了幾個人，到南方澳學了一個多月，與十幾個人合股花了四百多萬元，到茄萣買了一組巾著網船。回到磺港時還被村子裡的人笑，說買這種塑膠船回來真是「頭殼壞去」。塑膠一般禁不起日曬雨淋，很容易有裂痕，沒兩年就不能用了。

沒想到這種方式捕到的漁獲量很多，魚的外貌也比流刺網抓到的完整，很快地在整個村子裡流行起來，盧秀雄無意中成了村子裡第一個使用巾著網捕魚的開路人。後來因為年紀大了，子女們無意接手，當年也沒有開放外籍漁民，於是就順勢退休。那年，明順8號的船長請他「重操舊業」擔任火長，造就了攝影師張明芝拍下那張震撼世界的照片的機緣，無意間為盧秀雄一輩子的討海生涯，留下了最好的見證，證明了他的確是「討海大學畢業的」。

に繋がってしまう。今も忘れられないのは、漁師達が合間を縫って仮眠をとっていたら、デッキで寝ていたメンバーが誤って水のレバーを蹴ってしまい、水が硫黄桶に流れ込んでアセチレンが爆発。その勢いで海に投げ出され、遺体すら見つからなかった人もいる。」

金山磺港巾着漁法の第一人者

盧氏は小学校を出ることもできなかったのだが、南方澳という場所で巾着漁法で漁をしている人がいると聞き、周りに声をかけ、数人で新しい漁法を習いに行った。一ヶ月余り習い、また十数名の人と出資し合い、四百数十万台湾ドルをはたいて、高雄の茄萣から一隻の巾着網漁船を買い求めた。プラスチック漁船が磺港に到着したときは、「プラスチックじゃ太陽や雨で、すぐひびが入ってだめになる。二年も持たないようなものを買うのは、頭がどうかしてるよ」と村人に嘲笑われたことだ。

しかし、巾着漁法では水揚げ量が多く、刺網漁よりも魚の傷が少ないため、たちまち村で流行り始めた。盧氏は村で巾着漁法のパイオニアとな

船員齊力把聚集的魚群撈起。
力合わせて集まった魚をすくいあげる。

將捕捉到的漁獲暫時收入船艙存放。
獲れた魚を船の中船室に入れる

期待傳承的海上黑武士

盧秀雄的祖父及父親都活到一百多歲，大姐也九十幾歲，他說自己這個年紀，在家族裡還算是年輕的。他不抽菸、不喝酒、不賭博，海上工作結束就回家休息，或在電視機前看氣象報告，每天必定去住家旁邊的土地公廟整理環境，添補香和金紙，生活單純。唯一的心願就是兒孫輩們能夠回家，傳承他的捕魚事業。

蹦火仔雖然是沿岸漁業，離岸很近，然而為了找魚群，蹦火仔船還是會在海上加速換地方，由金山礦港遠飆萬里野柳一帶，以換取更多找魚的時間。有時，船為了全速前進，把燈都熄了，就像一個神祕的黑武士，瞬間隱沒在黑夜，而此時海和天都變成了黑幕，抬頭四望，一種看不到、摸不到邊界的浩瀚感，頓時讓人覺得渺小，同時卻又感到天地無垠，渾身充滿無限大的能量，只等著大海來下戰帖。盧秀雄，就是這樣的一名海上男兒。難怪他希望自己的後代，也能夠像他一樣，在海上刻下一筆筆屬於自己的戰功。

った。年齢を重ね、二代目も継ぐ気がなく、また当時は外国籍漁師の受け入れもまだ始まっていなかったので、盧氏は引退する道を選んだ。のちに、明順8号の船長に火長の役を頼まれ、写真家の張明芝氏にあの世界を驚かせた写真を撮られることになった。あの写真はまさしく盧氏の海に生きた生涯の証しであり、「漁師大学」の卒業証書である。

海上ダース・ヴェイダーの継承を願って

盧氏の祖父も父親も100歳以上長生きし、姉も90数歳。家族の中でこの年の自分はまだ若い方だという。煙草、お酒、賭博を一切やらず、海の仕事から戻ったら家に帰って休んだり、テレビで天気予報を見るくらい。毎日欠かさずにやっているのは、家のそばにある氏神を祭っているお寺のお掃除やお線香などの補充というシンプルな生活を送っている。唯一の願いといえば、二代目あるいは三代目が漁業を受け継いでくれることだ。

蹦火仔は沿岸漁業で岸からは近いのだが、魚群を求めて蹦火仔漁船は、

礦港漁港位在台灣東北部，因流經的北礦溪內含硫磺，而名為礦港。當地也因為盛產礦石，因此發展成蹦火仔。
礦港漁港は台湾の東北部に位置し、ここを通る北礦渓の中に硫黄が含まれているため礦港と名付けられている。硫黄を採掘できることから蹦火仔で魚を獲るようになった。

海で速度を上げて移動する。魚群を探す時間を少しでも多く作ろうと、金山磺港から遠い萬里、野柳まで猛烈なスピードで飛ばす。全速前進するため、照明を全部消すこともある。まるでダース・ヴェイダーのように瞬時に暗黒に身を潜める。海も空も暗闇になり、顔を上げてみても境が見えない世界が広がり、人間のちっぽけさが身にしみると共に、無限空間が海に立ち向かえるだけのエネルギーを注いでくれるようにも感じる。盧氏はそのような海上男児だ。だからこそ、子々孫々に自分と同じように、海で自分ならではの戦功をあげてほしいと願う。その気持ちを理解できた気がする。

海上磺火捕魚觀賞
每年五月至八月
金山磺火季－新北市金山區
886 2 2498 6157

海上磺火漁 (硫黄火漁) 鑑賞
毎年5月から8月まで
金山磺火祭り-新北市金山区
886 2 2498 6157

金山海灣溫泉會館
10:00-14:00、17:00-20:30
新北市金山區磺港路326號
886 2 2498 0007
可於產季時電話預約青鱗仔料理

金山海湾温泉会館
10:00-14:00、17:00-20:30
新北市金山区磺港路326号
886 2 2498 0007
漁期：電話にてサッパ料理の予約可

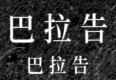

巴拉告
巴拉告

———

花蓮・光復｜不分季節及魚種

花蓮・光復｜季節、魚種を問わず

由於濕地水域並不適合撒網等漁法，於是台灣東部花蓮的馬太鞍部落阿美族祖先想出為魚蝦建置理想的棲地，誘引習性各不同的水中動物共棲一處。

湿地には網を投げるような漁法は適さず、台湾東部にある花蓮の馬太鞍部落のアミ族の祖先たちが魚蝦のために理想的な生息地を構築し、習性の異なる水中生物を寄せ付ける方法を発案した。

台灣多數阿美族人居住在東臺灣的淺山至海岸地帶，除了吃野菜，也攝取魚肉等動物性蛋白質，可以說是一個山海通吃的民族，巴拉告（Palakaw）則是阿美族馬太鞍部落獨有的捕魚技藝，位於如沼澤般的濕地，所以撒網等常見漁法並不適合，馬太鞍的阿美族祖先於是想出奇招，為魚蝦建置理想的棲地，誘引習性各自不同的水中動物共棲一處，待時機成熟或特殊場合，便邀集眾人前往捕撈。

巴拉告的秘密是大自然
拉藍是道地的馬太鞍阿美族人，對馬太鞍的一切瞭若指掌，五、六歲起就跟在大人身後捕魚，三、四十年前回到馬太鞍，先後當過鄉民代表、鄉公所秘書，現在也一邊經營民宿。

「巴拉告（Palakaw）的意思是利用 Lakaw 來捕魚。」拉藍說：「馬太鞍人觀察魚蝦的食物鏈關係，進而模仿河流的生態環境，建構一個適合魚蝦生活、

多くのアミ族の人々は東台湾の低い山から海岸線の一帯で生活している。野菜のほかに魚肉などの動物性タンパク質も摂取し、山と海の両方に依存している民族だと言われている。巴拉告（パラカウ、Palakaw）はアミ族馬太鞍部落で用いられている独特の漁獲方法である。沼のような湿地では網を投げるような漁法には適さないため、馬太鞍部落のアミ族の祖先たちに変わった考えが芽生えた。魚やエビの理想的な生息地を築き、それぞれ異なる習性の水中生物を寄せ付け、同じ場所に生息させる。タイミングを待ち構え、みんなで捕獲しに行く。

巴拉告の秘密は自然環境
ラランは本格的な馬太鞍部落のアミ族人であり、馬太鞍のすべてを知り尽くしている。彼が5歳か6歳の頃から大人の後ろについて行き、漁をしていた。三、四十年前に馬太鞍に戻り、郷議会、郷役場の統括を経って、現在は民宿を経営している。

「巴拉告というのはLakawを用いて魚を捕ることだ」、ラランはさらに

拉藍（蔡義昌）是推動馬太鞍文史工作的道地阿美族。
拉藍（蔡義昌）は馬太鞍文化歷史の関連事業を促した正真正銘のアミ族人。

模仿河流的生態環境建構適合魚蝦生活場所，這就是巴拉告。
巴拉告は川の生態環境を參考にし、魚蝦に適する生息環境を構築することである。

覓食和躲藏的場所，這就是Palakaw。」拉藍指出馬太鞍地區只有三種魚，一種是沒有鱗片的魚，如鰻魚、鱔魚、泥鰍、鯰魚等「沒有穿衣服（無鱗片）的魚」；一種是蝦、蟹、蜻蜓幼蟲水薑等「不像魚的魚」；還有一種則是草魚、鯉魚、鯽魚、吳郭魚等常見「有穿衣服（有鱗片）」的淡水魚類。這三類魚蝦棲息在不同的環境，卻形成一條息息相關的食物鏈。

巴拉告（Palakaw）順應食物鏈，拉藍說：「食物鏈是改變不了的，不過倒是可以把三種魚蝦的棲息環境整合在一起。」就像建商蓋樓房，馬太鞍人把不同魚蝦的棲地分層設置在同一個基地，由下而上建造「客製化」的三層樓住宅，每一層各有相對應的住戶。

水下國民住宅

「人類的樓房整棟用水泥蓋成」，拉藍說：「巴拉告（Palakaw）的水下住宅不一樣，每一層都配合魚蝦的習性。」

高樓平地起，巴拉告（Palakaw）魚屋也是從最靠近池底的下層開始動工。

「馬太鞍人は魚蝦の食物連鎖を観察する。河の生態系を参考に魚蝦の生息、エサの捕食、隠れるのに最適な場所を構築することが巴拉告だ」と付け加えた。ラランは馬太鞍部落には三種類の魚しかいないと説明した。鱗のない魚、ウナギ、タウナギ、泥鰌、ナマズなどの「服（鱗）を着ていない魚」が代表的である。もう一種類は蝦、カニなどの「魚に見えない魚」である。最後にはソウギョ、鯉、鮒、ティラピアなどの「服（鱗）を着ている魚」の淡水魚である。この三種類の魚蝦はそれぞれ異なる環境に生息しているが、食物連鎖で繋がっている。

「巴拉告は食物連鎖に従っている。連鎖を換えることはできないが、三種類の魚蝦の生息地を一つにまとめることは可能だ。」、ラランが説明した。開発事業者がマンションを建てるように魚蝦のそれぞれの生息地と特徴に合わせて下から上へと「三階建て」を形成させている。それぞれの階にはそれぞれの生息者がいる。

巴拉告有三層結構，有不同用途。
巴拉告は三段構造になり、それぞれの役割を果たす。

上層竹子與棕梠葉的大縫隙讓大魚悠遊其中。
上層部は竹及び棕櫚の葉っぱで形成された大きい隙間が
あるため、大きな魚でも自由に泳ぐことができる。

中間九芎枝縫隙提供小魚小蝦藏匿其中生活。
中間層はシマサルスベリの小枝で形成された隙間である
ため、小さい魚やエビは間に隠れることができる。

底層竹筒提供給夜行性魚類生活。
底の竹の筒は夜行性魚類に生息空間を提供する。

配合富含養分的爛泥巴，吸引喜歡鑽泥巴或在深水底層活動以及夜行性魚類，如鰻魚、土虱、泥鰍、鱔魚。因此以竹筒為主，挖空的筆筒樹和檳榔樹幹也是常見的建材，搭建底層基礎建設。如今廢棄的塑膠水管取得便利，也是理想的替代品。第二層是為了吸引「不像魚的魚」，其中的代表性物種為蝦子。蝦子是魚喜愛的食物，有蝦就有魚，為了創造並維持這個誘因，設計一個讓蝦子生生不息的棲地是必要的。馬太鞍人收集許多九芎細枝，綁成一綑一綑，架在底層的竹筒上，逐一排列，再用兩支鑿孔的竹桿加以固定。大量樹枝形成數不盡的縫隙，蝦蟹不愁沒有藏身之處。最後，在最上層接近水面處以相同的手法固定樹枝，再鋪上未削除細枝的竹桿，這一來就形成疏密不等的空間。大魚在這一層有充分的空間可以優游，交錯堆疊的細枝則提供足夠隱密的小縫隙，讓小魚避開大魚的侵擾，於是大、小魚彼此之間維持了微妙的平衡，巴拉告生態魚池留有一個小口與活水相通，可以說是一種半封閉性魚池，平常魚蝦可以自由往來池裡池外。不過馬太鞍人建造的「魚屋」相當舒適，魚蝦流連忘返，日益群聚，繁衍生息，很快就形成一個生態系統，捕多少吃多少。

水中の国民住宅

「人間のマンションはコンクリートでできているが、巴拉告の水中住宅は各階にそれぞれの住民の習性に合わせてデザインされている。」とラランが語った。

塔は下から組めとあるように巴拉告の魚屋も水の底から着工した。豊富に栄養分を含んだ泥には泥に潜り込む、または水の底で生息する習性のある夜行性魚類を配置する。例えば、ウナギ、ナマズ、泥鰌、タウナギなどである。ここで「建材」としてよく使われるのは竹の筒やヒカゲヘゴ及び檳榔の木を中空構造にしたものは、基礎の枠組みになる。廃棄された排水管なども手に入りやすく、理想的な代替品としてよく使われている。二段目には「魚に見えない魚」を引き付ける。その代表としては蝦である。蝦は魚が好きな獲物なので、蝦がいれば魚も寄ってくると信じており、蝦を生息させる環境づくりが必要だった。馬太鞍の人々がシマサルスベリの小枝を集め、一つずつ束ねって底の竹の筒の上に敷き詰めて、さらに二本の穴をあけた竹で固定する。大量の枝によってたく

馬太鞍部落位於台灣東部花蓮的馬錫山下，馬太鞍溪與清水溪沖積扇在山腳形成一大片濕地，這片豐饒的濕地自古就是部落耕作漁撈的專屬寶地。

馬太鞍部落は台湾東部にある花蓮の馬錫山の麓に所在し、馬太鞍渓及び清水渓で堆積された扇状地によって湿地が形成され、この自然資源豊かな湿地は昔から部落が農作業や漁獲するときの宝庫であった。

巴拉告（Palakaw）是男子專屬的活動，女子不能參加，不過男人下水捕魚時，婦女也沒閒著，四處採摘野菜。魚蝦一上岸立即烹煮，加入新鮮的野菜，一鍋天然的鮮湯就登場了，眾人一起分享。

さんの隙間が形成され、蝦やカニが身を隠すスペースができた。一番上の層には同じ手法を用いて木の枝を固定し、さらに細い枝を取り除いていない竹を敷き詰めれば、大小さまざまな空間が形成される。これによって大きい魚も十分に泳ぐスペースが確保され、また、交り合わせて重ねあう細い枝によって、外敵からの攻撃を逃れる隠れ空間を小さい魚に提供している。これで大小の魚が絶妙なバランスを維持することができる。巴拉告の生態池には外部の流れる水とつながる排水口を残し、これで一つの半開放的な池が出来上がり、普段、魚蝦は自由に行き来できる。馬太鞍人が作った魚屋はあまりにも快適のため、魚蝦がますます群れ、この場所で繁殖している。ここでは自然と一つの生態系が出来上がり、食べる量が捕れるほどまでに成長した。

巴拉告は男限定の活動であり、女は参加不可となっている。そのため、男が漁をしている間に、女は野菜を摘んでくる。魚蝦を捕ってきたら、直ちに新鮮な野菜を加え、これでみんなでいただける無添加のスープが出来上がる。

巴拉告生態體驗
需事前預約
馬太鞍文史工作室－花蓮縣光復鄉大全街42巷15號
886 3 870 0015

拉藍的家
09:00-16:00
花蓮縣光復鄉大全街42巷15號
886 3 870 0015
可預約體驗傳統石煮法烹飪巴拉告漁獲

巴拉告生態体験
要予約
馬太鞍文史工作室－花蓮県光復郷大全街42巷15号
886 3 870 0015

拉藍的家（ラランの家）
09:00-16:00
花蓮県光復郷大全街42巷15号
886 3 870 0015
予約にて、巴拉告によって捕れた魚介類を伝統的石調理法によって調理可能

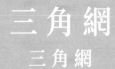

三角網
三角網

花蓮・豐濱｜春夏之交｜鰻苗、蝦虎魚苗
花蓮・豊浜｜春から夏へ｜ウナギの稚魚、ハゼの稚魚

花蓮縣豐濱鄉環繞於台灣東部海岸山脈與太平洋之間，東部最長的秀姑巒溪流經而後進入太平洋，並沖積出阿美族靜浦部落和阿美族港口部落。此地與生俱來的豐富海資源、多樣化的出海口生態，造就了部落優秀而獨特的漁業技術：三角網捕魚法。隨著四季更迭，按潮汐變化，阿美族人逐潮退浪起，晨出臨海岸沿線，在黑夜裡亮點頭燈，在忽明忽滅的光線之下，進行一場頂浪奪魚，卻一如魔幻場景的三角網捕魚畫面。

花蓮県豊浜郷は台湾東部海岸及び太平洋の間に囲まれ、東部で最も長い川である秀姑巒溪が流れ、最終的に太平洋に注ぐ。秀姑巒溪の堆積作用によりアミ族静浦部落、及び港口部落が形成された。この立地により豊富な海の幸に恵まれ、多様的な河口生態系により優れた独特の漁業技術-三角網漁法が生まれた。季節の移り変わり、潮汐の変化の影響を受けアミ族人は潮の満ち引き、波の質を見て、早朝に海岸に出たり、夜中にヘッドライトを使って点滅する暗闇の中で波に乗ったりして漁をする。まるでファンタジーの世界の光景のような三角網漁であった。

鰛仔魚多到從眼角掉出來

秀姑巒溪出海口一帶的部落，主要有南側的靜浦部落，以及北側的港口部落，舊時共同屬於Cepo'（阿美族語，意思是「出海口」）大部落，分為五大氏族。陳耀忠來自港口部落，身上流著的是太陽氏族（阿美族語PACIDAL）的血液。

小時候的他，身上有著彷彿太陽般，有用不完的精力。幼稚園畢業，他就已經學會使用傳統的三角網和八卦網。族裡的老人不會刻意教導下一代，想用就只好自己想辦法學。青少年階段，陳耀忠養成了自己一個人到海邊捕魚的習慣，晚上八、九點才回家，對他而言那是正常的作息。當時，海洋資源豐富，「小時候只要到大水溝，或遇到鰛仔魚大出，每天都是算幾個臉盆哩！」他說。

陳耀忠細數曾經有過的捕魚「戰績」，輕鬆的口吻背後，卻是一段段綜合著

目尻から溢れ出すほどシラスが多かった

秀姑巒溪の河口一帶に所在する部落は主に南側の靜浦（Ca'wi）部落、及び北側の港口（Makotaay）部落があり、古き時代には共にCepo'（アミ族語、「河口」の意味）大部落に所属し、五大氏族に分かれている。陳耀忠氏は港口部落出身で、太陽氏族（アミ族語ではPACIDALという）の血が流れている。

彼の体は子供の時から太陽のように、まるで底なしの生命力が宿っているようだった。幼稚園を卒業した時分には、彼はすでに伝統的な三角網漁、八卦網（投網）漁を習得していた。族内の年長者は熱心に教えてくれることはなく、試してみたいものは自分で工夫して覚えるしかなかった。青少年時代の彼は一人で海へ漁に行く癖がついてしまい、毎日8時、9時ごろにならないと帰宅しないことが日課になっていた。当時、海の資源はまだすごく豊かな時代であった：「子供のころ、大きな排水路に行けば、もしくはシラスの季節になった時にはどこでも、毎日バケツ何個分ものシラスを捕れていた」。

以「頂浪魂」立命的阿美族廚神陳耀忠分享著過往捕魚戰績。
「波頭魂」を自負するアミ族の料理名人ー陳耀忠が過去の漁の戰績を語ってくれた。

漁人在海邊用著阿美族人自古流傳至今的人力捕撈法三角網捕魚苗。
漁師はアミ族の伝統的な人力による三角網漁を用いて稚魚を捕っている。

體力、耐力、技巧，以及智慧的大考驗。有時甚至是一次次的生死交關。

「三角網，不要小看它喔，你要一直站在岸邊，光是一整個晚上，手拿著網子下去海裡再上來的這個捕撈動作，是要進行上百次、上千次耶，而且還要隨波逐浪換位置，有時候浪大，有時候浪小，有時候天氣一不好，這個出海口也會帶走很多部落的人。我覺得這就是生活，大海潛藏著很多我們想像不到的意外。」

上天給阿美族的神秘三角習題
陳耀宗用「神祕的三角習題」，來形容族人視為生活一部份的三角網捕撈漁法。他曾經遇過上天出過好幾次習題，「我救過人，自己也差一點溺水，可以說是死了很多次，只是九命怪貓而已。就是我的命已經交給祂的那種感覺。」

陳耀忠記得，直到一、二十年前，無論三角網撈起的是魩仔魚還是鰻苗，都是自己吃或分送親友，沒有像現在秤斤論兩拿去賣的。「一、二十年前

陳耀忠は過去の漁の「戦績」を語ってくれた。落ち着いた口調の中で、体力、忍耐力、技術、及び智慧による戦い、時には死の危険と隣り合わせの瞬間もあったことが語られた。

「三角網をなめないでよ。ずっと岸辺に立って、一晩中網を持って海に押してあげる、ひたすらこの繰り返しを数百回、数千回。波を追って漁の場所を調整したり、波が高かったり、低かったり、天気が荒れたり、この河口一帯から持って行かれた部落の人は大勢いる。これは我々の生活の一部だ。海には我々では想像できないような危険がいっぱい潜んでいる。」

神様からアミ族への神秘的三角問題
陳耀忠は「神秘的三角問題」で族の人々の一部である三角網漁を比喩している。彼自身は何回も問われていた。「私は人を助けたことがある。自分が溺れそうになった時もある。もしかして猫に九生有りと言われているように、実はすでに何回も死んでいたかもしれない。とにかく、私

阿美族年輕人常常三人一組捕魚，分為前鋒、中鋒、後衛。
アミ族の若い人は三人で一組となり、それぞれパワーフォワード、センター、ガードの役割を果たす。

他們會在退潮期間找到適合沿岸點捕撈。
彼らは引き潮の間に漁をするのに最適な場所を見つける。

浪來時，漁人利用左右撈起的姿勢順勢將魚苗撈入網裡。
波が来たら、漁師は左右を引き稚魚を網に取り込む。

漁人以頭照燈確認網中的捕撈狀況。
漁師がヘッドライトで網の中を確認する。

那時候，我們捕撈的量多到整個臉盆都滿出來，大家把魚洗乾淨，早餐一起吃，吃的是「水煮魩仔魚」或「魩仔魚沙西米」，其實都一樣，就一道菜而已，但大家卻吃得很開心。以前沒有冰箱，多捕的魚，就分給幫忙挑洗的人，還有剩下的魚，就醃起來保存。在山上務農、宴客，或是親友來訪時，就把醃魚拿出來配飯吃，或當禮物送。遠方的親友在劍筍季帶劍筍來送我們，剛好我們有醃魚，就會敦親睦鄰、以物易物，這是我們部落傳統的生活文化，我也喜歡這個很好的禮儀。」

今年四十三歲的陳耀忠，小時候靠著自學成為捕魚高手。隨著民國九〇年代賞鯨餐興起，陳耀忠投身原住民風味餐，到現在已經十二年了，店名「陶甕百合春天」是家人們的名字組合，「陶甕」是大女兒，「百合」是二女兒，「春天」則是陳耀忠的族名。餐廳除了餵養自己一家五口，員工有九成是部落的人，也開放給部落的學生暑期打工，生意好時還提供回饋金給部落。

在社會上繞了一圈，現在的陳耀忠，脫去了過去想要符合外界期待的枷

の命はすでに神様に預けているつもりだ。」

陳耀忠は未だに覚えている。十数年前まで、三角網で取れたシラスやウナギの稚魚は自宅用や親戚に分けることが多かった。今のように量り売りをしていなかった。「十数年前にはいっぺんにバケツ一杯になるほどのシラスが捕れていた。魚をきれいに洗って朝食に出していた。主に釜揚げや生のままで食べていた。とにかく料理は一品のみ。みんなで一緒に楽しく頂いていた。昔、冷蔵庫がなくて、多くとれた魚は洗う作業を手伝ってくれた方にもお裾分けしていた。それでも余った場合、漬物にして保存するようにしていた。山で畑仕事をしたりするときや客を招待したりするときに、また、友人が訪れてきたときにご飯のあてにしたり、お土産として差し上げたりしていた。遠方からきた友人は姫竹の季節なら姫竹を持ってきてくれる。家にちょうど漬物の魚あるときには物々交換できる。これは我々の部落の生活文化であり、私自身もこのような礼儀が好きである。」

漁人將三角網中捕撈到的魚苗倒入腰桶暫存。
漁師が三角網でとれた稚魚を一時的に腰の魚籠に入れる。

漁人示範三角網正確握姿：右手扣住短腕靠內側，左手打直握住前端。
漁師が正しい三角網の使い方を見せてくれた：右手は手前をしっかり持ち、肘を内側に引き締め、左手はまっすぐにして先っぽを握る。

鎖，回到童年赤裸著上半身，隨時上山下海的自在，而且只取每天所需的分量，不過度捕撈。他相信，新鮮就是世界上最棒的滋味，創意可以把食材變成讓人驚艷的料理。而餐廳那一張三角網壁畫，不僅是部落的生活命脈，更彷彿是一面風帆，引領著迷失在現代文明的人們，回歸大自然溫暖的懷抱。

今年43歳になった陳耀忠は子供の頃、独学で漁を会得した。2000年代には食事付きのホエールウォッチングが流行り始め、陳耀忠は原住民郷土料理に力を注ぎ、すでに12年が経とうとしている。店の名前は「陶甕百合春」といい、「陶甕」は長女、「百合」は次女、「春」は陳耀忠の族内での名前であり、すべて家族の名前で組み合わせた。レストラン経営で五人家族を養い、スタッフの9割は部落の人々、また、夏休みには部落の学生を雇い、利益がよく出るときには部落に還元している。

社会人として一通り経験してきた陳耀忠は過去の社会からの期待という縛りから抜け出し、子供の頃のように上半身裸にでもなって、自由に海に飛び込んだり山へ潜り込んだり、捕りすぎないように毎日大自然から必要な量だけを採集している。彼は世界で一番の旨みは鮮度だと信じており、また、アイディア次第で食材をほっぺが落ちるほどの料理にアレンジできるという。また、レストランに飾られている三角網の壁画は部落の生活保障の象徴のみならず、現代文明社会で自分を見失った人々を優しい大自然に包まれるように導いていく帆船のようにも感じる。

花蓮阿美族靜浦部落位在台灣東部的秀姑巒溪出海口南側，靠山面海的自然環境提供此地阿美族豐富的資源。
花蓮アミ族静浦部落は台湾東部に所在する秀姑巒渓の河口の南側に居を構えている。山を背に海に臨む自然環
境はアミ族人に豊かな自然資源をもたらしてくれた。

三角網捕魚體驗
需事前預約
花蓮縣豐濱鄉靜浦社區發展協會－花蓮縣豐
濱鄉靜浦140號
886 3 878 1697

陶甕百合春天
11:30-13:00、17:30-19:00 週三休
花蓮縣豐濱鄉3鄰138號
886 3 878 1683
提供無菜單阿美族風味料理

三角網による漁体験
要予約
花蓮県豊浜郷静浦社区発展協会－花蓮県豊
浜郷静浦140号
886 3 878 1697

陶甕百合春天
11:30-13:00、17:30-19:00 水曜定休
花蓮県豊浜郷3隣138号
886 3 878 1683
アミ族郷土料理（特定のメニューはなし）

鏢旗魚
カジキ突き

———

台東・成功｜10月至11月｜旗魚

台東・成功｜10月〜11月｜カジキ

台東縣成功鎮位於台灣東南方，為黑潮暖流流路徑，此地因此有豐沛的魚量。其中每年九至十二月旗魚過境，更是重要的漁獲來源。漁人採取傳統鏢旗魚技法；手持著二十公斤的鏢叉，與海浪、旗魚搏鬥的驚險場景，不僅畫面令人讚嘆，更是一場人與魚的對決。

台東県で成功している郷は台湾の南東部で、そこは豊富な魚のいる黒潮暖流の道です。 その中でも、毎年9月から12月までのメカジキの越境は、重要な漁獲源です。 漁師は、伝統的なダーツメカジキの手法を採用しています。20キログラムのダーツフォーク、波とメカジキと戦うスリリングなシーンを持ち、絵だけでなく、人間と魚の対立もあります。

前十年都在暈船的「斷指船長」

陳永福是「龍漁發號」的船長，也是俗稱「頭手」的正鏢手，人稱「斷指船長」。1988年，陳永福32歲，那次出海，他鏢到一尾七十幾公斤的小白鯊，當下船員們都在忙，他眼看魚不動了，就拿一隻鐵鈎，從魚眼扎下去，沒想到魚被驚醒，猛的打轉，他的手指頭被鐵鈎和軟鈎夾住來不及抽開，就斷掉了。當時東部沒有大醫院，還被送去高雄醫治。

他右手的大拇指因此斷了一截，除了留下與大海搏鬥的證明，陳永福暈船暈了十年，卻還能夠硬吃下討海這口飯，不得不讓人由衷感到佩服。

「從跟父親學捕魚開始，我就暈船暈得很嚴重，人家說多行船就會好，我卻暈了十幾年，上船只能喝水，因為吃飯就會想吐。雖然很痛苦，可是我要自己忍耐下來，因為我有八個兄弟姐妹，我是男生裡排行最長的，家境又不好，對讀書沒興趣。那時候捕魚，如果勤勞一點，收入也是不錯的。

最初の十年間、船酔いし続けた「指を失った船長」

陳永福氏は「龍漁發号」の船長で射手と呼ばれる突き手でもある。1988年、当時32歳だった陳氏は70数キロの小さなサメをモリで突いたときに事故が起きた。船員たちは手が空かず、またサメも動いてなかったので、油断して一人で鉤を持ってサメの目を突いたら、急にもがき出し、指が鉤に挟まれ切れてしまった。当時の台湾東部には大型病院がなかったため、高雄まで駆けつけて手当てを受けたが、右手の親指は元に戻らず、海と戦った証となり、それ以来「指を失った船長」と呼ばれるようになった。陳氏は十年間船酔いし続けたのに、漁師をあきらめなかったのは誠に感服する。

「父親の跡を継ごうと船に乗ったときから船酔いがひどかった。慣れれば大丈夫と言われたが、十年以上船酔いが改善しなかった。食事をすると吐いてしまうから水しか飲めない。実にしんどかったが、何とか耐えなくてはと思った。八人兄弟の長男だし、家が貧しかった。勉強にも興味はなかった。漁師は大変だが、一生懸命働けば一ヶ月で数十万元稼げ

「斷指」船長陳永福笑著回憶過往捕魚的歲月。對他來說，有件事情很堅決：下輩子還要跟旗魚對決。
「壊れた指」のキャプテンであるチェン・ヨンフは微笑んで、長年の釣りを思い出しました。 彼にとって、非常に決心したものがあります。次の人生はメカジキと戦わなければなりません。

因為風浪無法出海，船長示範在船上舉起鏢叉的動作。
風と波は海に出られないため、船長は船のダーツフォークを持ち上げる動作を示します。

自己有艘船，勤奮一點，一個月有時能賺幾十萬。吃人家頭路，了不起一個月五、六萬，有時候捕魚的收入就是人家好幾個月的薪水了。」

出生於1956年的陳永福，小學二年級之前，都住在台灣南部的恆春。父親陳明義隻身由恒春到成功捕魚，原本抱著試一試的心態，後來舉家搬到成功。陳明義是成功出名的鏢旗魚手，也是「新宏富號」的船長，陳永福唸完國小後，跟著父親出海學習，十八歲就站上鏢台，初試啼聲，就鏢到一尾一百九十幾公斤的旗魚。

剛入社會時，他就有自己的明確志向，租了一條船，展開了自己的鏢旗魚事業。後來，父親把船交代給他，換成父親當船員幫陳永福開船，對於如何鏢魚已經有自己想法的他，跟父親有些看法不同，著實讓他十分為難。

「我都不敢罵他，因為他是我爸。爸爸找魚的方法跟我不一樣，我認為浪大的地方比較有魚，所以要開大船；我爸則說小船就可以了。對潮流的判斷，我們看法也不同，我知道等一下這裡一定會有魚浮起來，會花時間等

ることもある。雇われると月にせいぜい五、六万元しかないから、漁師の収入は普通の数倍になる」。

1956年生まれの陳氏は、小学校二年生まで台湾南部の恆春、原子力発電所のすぐそばで育った。父親の陳明義氏は恆春から台南成功に漁師として出稼ぎに行った。当初はやってみようという軽い気持ちだったが、結果として家族全員で台南成功に移住することになった。陳明義氏は台南成功では有名なカジキ射手で「新宏富号」の船長でもあった。小学校を卒業した陳永福氏は父親について海に出た。18歳で突き台に立ち、初めてモリを手にしたが、いきなり190数キロのカジキを突いた。

社会人になったときから目標を明確に持っていた。それは船を借りカジキ突きを始めることだった。後に父親から船を受け継ぎ、今度は父親が船員となり船の舵きりをしてくれた。しかし、親子のカジキ突きに対する考え方に違いがあり、陳永福氏は頭を抱えた。

船長示範雙手扳著船板觀看魚汛。
船長は、釣り竿を見るために手とボートボードを実演しました。

船艙內的船員負責開船，另外一位打方向的船員則告知行進方向。
キャビンの乗組員はボートに責任があり、方向の他の乗組員は移動の方向を知らせます。

船上設有腳套，讓漁人問穩固地安置在船上，避免被旗魚或海浪拉走。
漁師は、バショウカジキや波に引っかかるのを避けるために、ボートにしっかりと乗せることができるように、ボートには足カバーが付いています。

船長示範如何瞄準旗魚位置，舉起鏢叉一鼓作氣用力下叉。
キャプテンは、メカジキの位置を狙う方法を実演し、ダーツフォークを上げ、フォークに力を加えます。

待，我爸卻認為沒有看到魚就可以回家。所以說，船員跟船長會不合，就是這樣的情形。」

下輩子還要跟旗魚對決

陳永福鏢旗魚超過四十年，戰功彪炳，最大尾曾鏢到三百六十二公斤的旗魚，那年他四十多歲。他扼腕地說：「五、六百公斤都曾經鏢過，但是跑掉很多條，因為抓不起來，要不是繩子斷掉，就是鉤子鬆脫。鏢不起來的原因主要是鏢的部位不對。」

鏢最多尾的記錄則是七尾，「現在出海能夠鏢到五、六尾，就算很厲害了，因為現在魚量比較少。」講到這裡，陳永福話鋒一轉，談到流刺網漁法，他的弟弟曾經轉做流刺網，前幾年才「悔改」不做了。陳永福說：「流刺網開始捕的時候，我們這些鏢旗魚的有多生氣啊！如果他們問我洋流是什麼狀況，我都不說，免得他跑到那邊去抓。」

而與旗魚纏鬥最久的記錄，陳永福說拉扯半小時是家常便飯。有的旗魚血

「相手は父親だから怒鳴るわけにもいかない。一つに魚群の探し方が違う。私は波が高い所の方が魚がいると思うから、大きな船で漁に出たいが、父はいつも小船で十分という。潮の判断も違う。ここなら待てば魚が海面に上がってくると私は思うが、父は魚の姿が見えなければすぐに去りたい。船員と船長は意見はこうして食い違う。」

生まれ変わってもカジキと対決したい

四十年以上カジキ突きをしてきた陳氏の功績は素晴らしい。四十代のときに362キロのカジキをついたのが最高記録。それでも残念そうにこう言う。「5-600キロのも突いたことがあるのだが逃げられた。ロープが切れたり鉤が取れたりして揚げられなかったんだ。まあ、元を辿れば突き所が悪かったんだけどね。」

数でいうと七匹が最高記録。「今は5〜6匹獲れれば上等。魚が減ってるからね」。ここまで話して急に話題が刺網漁に変わった。陳氏の弟は刺網漁に乗り換えたが、数年前に後悔して「足を洗った」という。陳氏

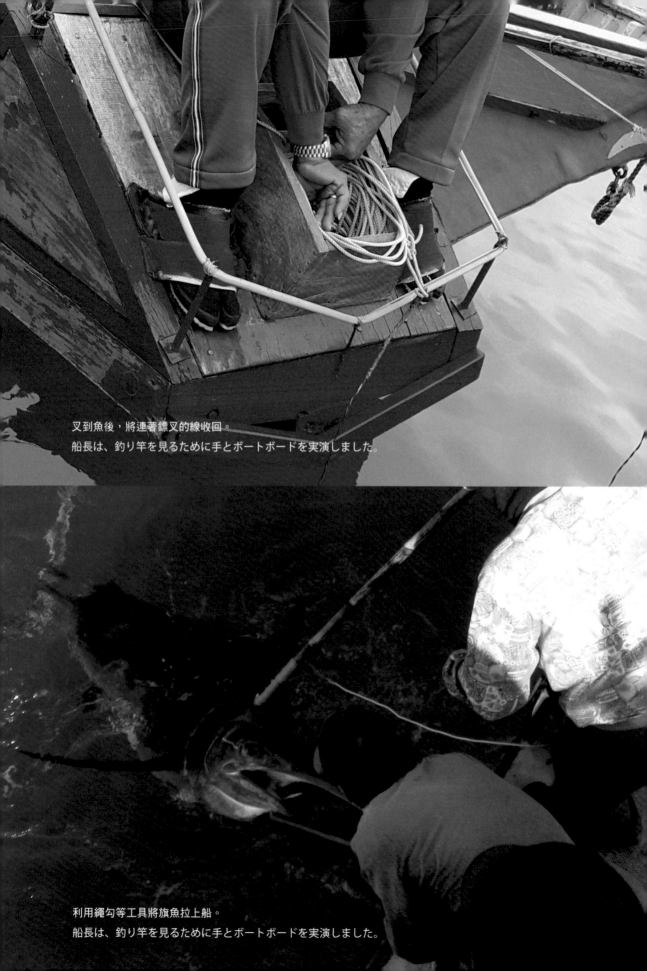

叉到魚後，將連著鏢叉的線收回。
船長は、釣り竿を見るために手とボートボードを実演しました。

利用繩勾等工具將旗魚拉上船。
船長は、釣り竿を見るために手とボートボードを実演しました。

氣很強，中了三、四枝鏢還不會死；有的不死，也不浮上來，就這麼僵持。有的很大尾，往深海底走，二、三個小時還無法拉上船，只好船員們輪流替手。

此外，出海鏢魚是沒有休息時間的，連吃飯時眼睛都是盯著海面，而不是低頭看要吃什麼菜。「菜挾一挾，就邊扒飯邊看有沒有魚浮出海面，常常看到魚，一緊張，飯碗就趕緊扔下，等到魚抓上船，再回來繼續吃，或是追魚追到飯菜都打翻了，連湯都沒得喝，乾脆收一收不吃了。」

儘管嘴巴上說著討海有多辛苦，身體也面臨骨刺可能必須開刀休養的情況，但是陳永福還是沒辦法想像自己有朝一日不鏢旗魚的生活。他曾經獲得台東縣旗魚季比賽連續三屆冠軍，身為比賽的常勝軍，他總想著還要再鏢上幾尾二百公斤以上的大旗魚，甚至打破自己的記錄，享受與大魚面對面對決的樂趣。

難怪一被問到，「如果有下輩子，還是要鏢旗魚嗎？」陳永福立即不假思索

いわく「刺網漁が始まったときに、カジキ突きの私達は本当に頭にきた。海流の状況を聞かれても絶対に教えなかった、獲られてしまうから」。

突いたカジキをあげるのにどのくらい時間かかるのかを聞いたところ、30分は当たり前という。カジキによっては強くてモリ三、四本刺さってもまだもがく。死なないし浮いてもこないというの状態が続く。また大物は海底に逃げようとして2、3時間かかってもあげられないことだってあるので、船員全員交代であげるしかない。

また、カジキ突きに休憩時間はない。食事中でさえ目線先は手元のどんぶりではなく海面だ。「さっさとどんぶりにご飯を入れて、口にかき込みながら魚が浮いてきてないかと常に見張っている。魚が見えたら食事なんてそっちのけ。魚をあげたてからまたご飯を食べるが、ひっくり返したりすることもあるので、スープすら飲めないことも多い。その場合は、ひっくり返した食事を片付けて、そのままご飯食べなかったりする。」

成功漁港位為台灣東南方，堤岸的壁面畫滿各種旗魚，旗魚在這裡的重要性可見一班。
成功した漁港は台湾の南東に位置し、堤防の壁にはさまざまなメカジキが描かれています。

地說出：「當然要！」

漁師は大変だと口では言い、また外骨腫で手術を受けないといけないかもしれない陳氏だが、カジキ突きをしない生活を想像できないという。台東県で行われたカジキ大会で三年連続優勝した今でも、200キロ以上のカジキを突きたい、自分の記録を破りたいと常に思っている。大魚と対決する快感が病みつきになるようだ。

だから「もし生まれ変わったら、また突きん棒漁でカジキ突きしますか？」と聞かれて、すぐさま「もちろん」と答えたんだね。

旗魚拍賣會
12:00-16:00 不固定休市・可事前電話詢問
新港漁港－台東縣成功鎮港邊路19號
886 8 985 1152

佳濱成功旗魚專賣店 ・ 旗魚咖啡
11:00-15:00、17:00-20:00
台東縣成功鎮大同路65之1號
886 8 985 4899
提供各種旗魚料理

カジキの競り
12:00-16:00 不定休、事前に電話にてお問い合わせください
新港漁港－台東県成功鎮港辺路19号
886 8 985 1152

佳浜成功カジキ専門店・カジキコーヒー
11:00-15:00、17:00-20:00
台東県成功鎮大同路65之1号
886 8 985 4899
各種カジキ料理を提供

島西

島西部

牽罟
地曳き網漁

———

苗栗・後龍｜不分季節與魚種
苗栗・後龍｜季節と魚種を問わず

苗栗縣大山區位於台灣本島中部偏西北方，西鄰台灣海峽，東依雪山山脈。沿海住民主要以閩人及客家人為主，當地人除了農耕，同時也捕魚，做稻人與討海人的身分共存。每當魚汛期，大山沿岸漁民視潮汐乘舢舨出海，船長帶領海腳在魚群出沒處沿線繞圓撒網，將魚群包圍。岸上的住民們繫腰抄，合力拉繩將漁網拖上岸。「倚索分錢」便是形容參與者皆能分享新鮮漁獲的諺語。

苗栗県大山区は台湾本島中部の北西寄りに位置し、西隣は台湾海峡、東側は雪山山脈である。沿岸地の住民は閩南人と客家人がほとんどで、農耕のほかに漁業もする農夫であり漁師である。大山沿岸の漁師は、漁期になると潮の満ち引きに合わせて、サンパンに乗って海に出る。船長は漁師とともに魚群の出る所で網を半円形にして魚群を囲い込み、海岸にいる住民らは腰に「腰抄」という伝統的なサポーターをつけ、全員で力を合わせてロープで引き、網を岸に引っ張りあげる。中国語の「倚索分錢」（ロープに手を添えればお金を分けられる）とは「参加した全ての人が新鮮な魚を分けられる」ということを言っている表現である。

在苗栗後龍的大山住了一輩子陳水旺，因家境不允許，無法繼續栽培他唸書，走上了半農半漁的人生道路。六十歲之後，就因產業沒落而不再以牽罟為生，牽罟的樂趣，卻時常在夢裡重現，成為他一生永遠的牽引。

牽罟考驗多，智力、人際協調、體力缺一不可

每一次牽罟，除了是人與魚的鬥智，也包括海上的人與岸上的人之間的協調，以及岸上負責拉動繩子的人，左右兩邊之間的默契。每一次的情況都無法事先掌握，全憑現場即時反應，既要動用到做事方法的理性，也需要人際交往的感性，成果除了豐碩的漁獲，還有在群體中擁有一個自己的位置，與他人齊心合力一起完成工作的成就感，難怪讓陳水旺樂此不疲，只要說到牽罟，整個人就活了起來。

牽罟有多辛苦呢？陳水旺說：「以前牽罟很辛苦，船是用杉木做的，光是要把船扛到海邊就很吃力，而且那時用人力，沒有馬達，船上最少要七個

苗栗後龍の大山でずっと暮らしてきた陳水旺氏は、家の事情で進学することができず、農業と漁業半々の人生を過ごしてきた。地曳き網漁が衰退ため、60歳を過ぎてからは地曳き網漁を生業にできなくなった。しかし、その醍醐味は今でも夢にみるし、生涯の思い出となった。

地曳き網漁の試練は多く、智慧、協力、体力、どれも欠かせない

地曳き網漁は人と魚の智慧の対決である。海岸と海上にいるメンバー間の協調性も必要。海岸上でロープを引く人も左右のメンバーと阿吽の呼吸を合わせないといけない。毎回状況が異なりすべてが臨機応変だ。仕事をこなす理性と人に合わせる感性の双方が必要である。成果は大量の漁獲だけでなく、チーム内で自分の居場所が見つかり、ほかの人と協力し合って仕事を完成するという達成感もある。だから、陳氏は地曳き網漁が好きで、この話になると生き生きする。

地曳き網漁は大変ですか？と尋ねると陳氏はこう述べる。「昔の地曳き網漁は本当に大変だった。船は杉の木でできているから海まで運ぶのに

即使現在不再以牽罟為主，陳水旺仍覺得牽罟是他一生永遠的牽引。
もう網を曳かなくなったが、陳水旺氏は網との絆が一生切れないという。

牽罟是結合體力、智力且靠大家齊力完成的漁法。
地曳き網漁は体力、知恵、そして大勢との合同作業が必要である。

人，全靠槳手出力，一枝槳需要兩個人共同操作，一個人搖、一個人推，尾槳操控南北，不是像現在用馬達當動力比較輕鬆。有時最多到十個人，放網就要兩個人。一天最多牽四次罟，有時候魚很多，黃昏時船長還想著要牽更多魚，繼續追魚，大家喘氣臭乾乾（台語）。」

以前的人比較聰明，現在的人比較會賺錢

那麼，捕上來的魚滋味如何呢？陳水旺說，雖然農業時代比較辛苦，但剛從海裡捕上來的魚很新鮮，好吃到只要簡單煮成澆魚湯就覺得是人間美味。牽罟抓到的魚，大部份是大型長嘴扁身的青見魚，或是體積較小的鯪仔魚或魩仔魚，大尾的魚擔去後龍或竹南街市賣，小魚數量多的話也有上千斤的記錄。在過去沒有冰箱的年代，陳水旺反而不喜歡捕到太多魚，三、五百斤是最適合的收穫量，因為生意人買走的很有限，魚如果沒有馬上賣掉，若遇到下雨天，沒有辦法曬成魚乾，很快就臭掉了，反而是一種浪費，不僅白做工，對生態也不好。

生意人買走的魚，要擔去外埔，以前沒有柏油路，漁民們大多赤腳，中午

まず苦労する。モーターもなく全て人でやっているので、船を漕ぐのに七人いる。一本の櫂を二人で漕ぎ、一人が引いてもう一人が押す。艫の櫂で進む方向が決まる。今はモーターがあって楽だよ。一隻の船に多いときは十人が乗って、網を出すのに二人いるから。一日に多くて四回の地曳き網をする。魚が多いときは、夕暮れに船長がもう一回漁に出ようとするが、みんな疲れきってしまう」。

昔の人は賢く、今の人は稼ぐのが得意

獲った魚の味は？と聞くと、農業時代は大変だったけど、その代わり海から獲れた魚はとても新鮮で、シンプルにお吸い物にしただけでとてもおいしい、と陳氏は言う。地曳き網で獲れる魚は、口が長く尖っているダツや小さなイワシ、シラスなどがほとんど。大きな魚は桶などに入れ、天秤棒を担いで後龍や竹南の町で売った。多いときは小魚を数百キロ獲れた事もあったが、冷蔵庫のなかった時代だったので、陳氏は魚をあまり多く獲りたくなかった。2-300キロぐらいがちょうど良い量だという。商売する人が買う魚の量は決まっていて、売れ残った魚は雨天だ

奉罟前要先燒香，祈求平安。
漁に入る前にまず安全を祈念する。

眾人齊力準備奉罟用的網子上船。
みんなで力合わせて網を船に乗せる。

船長負責觀浪口，準備出船。
船長は波の様子を見て、海に出る準備をする。

出海後先放繩子再下網，繩子會隨浪流自動放出去。
まずはロープを離してから網をおろす。ロープは波に乗っていく。

太陽最熾熱的時候，走在沙地上尤其折磨人，大山的漁民稱之為「燒沙」（台語），來形容燙腳的程度。說起「燒沙」的經驗，陳水旺的表情彷彿再一次經歷了那些痛苦：「有一次擔一百斤（六十公斤）跑三公里路，中午太陽好像要燒死人一樣，到了外埔，有個好心人拿一塊冰涼的粉粿請我吃，我永記在心。現在，柏油路都舖到罟寮前了，卻沒有人在牽罟了。」短短兩句話，道盡陳水旺心中對於牽罟產業沒落的惋惜。

捕魚的技術進步，也影響到牽罟的成果，陳水旺說：「我們在近海牽罟，他們在外圍的海域圍網，機器發出聲音，魚就不會進來。另外，現在工廠排放廢水污染，魚愈來愈不敢靠近岸邊。」

祖父和父親都在牽罟，陳水旺國小五年級十二歲時，就理所當然地跟著牽罟，一開始在岸上幫忙拉繩子，十七歲一成年就上船工作，一直到六十歲之前，船上所有的職務他都經歷過，包括放網、頭槳手、二槳手、用櫓控制方向的尾槳手，還當過船長。大約六十歲時，陳水旺漸漸不再以牽罟為生，然而他與其他十三個人合股牽罟的膠筏，還是妥善地保存著，沒有變賣。

と干したりもできずに腐らせてしまうのでもったいないし、苦労して漁で出た甲斐もなく、生態環境にもよくない。

商売する人が買った魚は外埔まで届けないといけない。当時の道は舗装されていないので、裸足で砂道を歩く。真昼の砂地が一番しんどかった。大山の漁師たちはこれを台湾語で「焼砂」と呼んでいて、地面の熱さが文字から伝わる。「焼砂」の話題になり、陳氏の表情は当時の道をもう一度歩いたかのように、つらそうな表情になった。「60キロを担いで3キロの道を歩いたんだ。真昼の太陽に焼き付けられつらかった。外埔に着いたら、冷えた台湾の伝統ゼリーをくれた人がいてね、そのことを今でも忘れられないよ。今では道路が地曳き網寮の前まで舗装されているのに、もう誰も地曳き網漁をしなくなった。」消えた地曳き網漁を嘆く陳氏の侘しさが伝わってくる。

漁業技術の進歩も地曳き網漁に影響を与えた。「私達は近海で地曳き網漁をしているけど、もう少し外の海域で巾着網漁をしている人がいて、

船離岸約50-200公尺會開始轉彎，岸上的人就要開始拉繩網。
まずはロープを離してから網をおろす。ロープは波に乗っていく。

每次需花30-40分鐘，參與者皆能分享新鮮漁獲。
船は海岸から約50から200メートル離れたところで曲がり、海岸上の人はロープと網を引き始める。

時代一直在進步，不禁讓人好奇，一半是農人、一半是漁人的陳水旺，是如何看待時代的變化呢？他妙答：「以前的人比較聰明，現在的人比較會賺錢。」

現在，兒女都自立了，陳水旺不用靠牽罟討生活，但他還是繼續著半農半工的生活；雖然命運給他的重擔這麼多，陳水旺還是抱著樂觀的心情過著每一天。他樂天知命地說：「人的一生也有漲退潮，老來就是退潮。」

機械の音がして魚が入ってこないんだ。それに工場が汚染された廃水を排出するから、魚が海岸に近寄らなくなった。」

祖父も父親も地曳き網漁をしてきた陳氏は、小学校五年生12歳で一緒に漁を始めた。最初は海岸上でロープを引いたりして、17歳のときに船に乗った。60歳で漁をやめるまでに、漁船上で網を出したり、櫂の一番手や二番手を漕いだり、艫に立って櫓で進む方向を決めたりと全て担当したことがある。60歳前後に地曳き網漁を生業にしなくなったが、13名の友人とお金を出しあって購入したパイプ筏は売らずに大切に保存している。

時代が進歩し続けいている中で、農業、漁業半々で生きてきた陳氏は、その時代の変化をどう見ているかが気になって聞いたところ「昔の人は賢く、今の人は稼ぐのが得意」との珍回答が返ってきた。

子供たちが社会人になり、地曳き網漁で生計を立てなくても大丈夫にな

牽罟曾是大山里民重要的產業，也是年長民眾難忘的回憶；如今，透過大山社區發展協會與大山里的推動，每年公開舉辦牽罟體驗活動，讓這段歷史得以留下，並讓更多人有機會體驗。

地曳き網漁は大山住民の重要な産業だった。また年配な方の忘れられない思い出でもある。今は大山コミュニティ主催のもと毎年体験イベントを開催し、この歴史を残しつつ、より多くの方に体験してもらっている。

ったが、今でも農業や仕事している。重荷を背負って生きてきたが、楽観的に毎日を過ごしている。天を楽しみ命を知る陳氏は「人生も潮と同じ。引き潮と満ち潮があって、年をとったら引き潮だ。」という。

牽罟捕魚體驗
每年四月底至五月，可關注FB粉專資訊
大山社區發展協會－苗栗縣後龍鎮53-9號
886 3 743 3116

太興活海鮮飲食店
11:00–14:00、17:00-21:00
苗栗縣後龍鎮海埔里131之8號
886 3 743 3788
主打野生打撈漁獲

牽罟 (地曳き網) 漁体験
毎年4月下旬から5月にかけて漁体験可能。詳しくは専用FACEBOOK グループにてご確認ください
大山社区発展協会－苗栗県後龍鎮53-9号
886 3 743 3116

太興活海鮮飲食店
11:00–14:00、17:00-21:00
苗栗県後龍鎮海埔里131之8号
886 3 743 3788
捕れたての天然の魚がメイン

海牛採蚵

メカジキ

——

彰化・芳苑｜4月至9月｜蚵

彰化・芳苑｜4月〜9月｜牡蠣

彰化縣芳苑鄉位於台灣中西部，西臨台灣海峽，是濁水溪流經之部分沖積地。在平疇闊野的潮間帶現身近千公頃的養殖蚵田，更是獨特而絕美的灰黑色風景。在此，蚵農因應環境發展出全台唯一可見的海牛採蚵漁法。牛在這裡不下田，反而下海。

彰化県芳苑郷は台湾の中西部に位置し、西隣が台湾海峡である。濁水渓が流れてできた沖積平野があり、この広く平たい潮間帯に1000ヘクタール近くの牡蠣養殖地がある。黒っぽい灰色の景色はとても独特で美しい。またこのような環境に合わせ、台湾で唯一、牛車で牡蠣を収穫し運ぶ場所でもある。ここの牛は畑を耕すのではなく海に入っていくのだ。

芳苑的蚵農並不是一開始就讓牛下海，李福相還記得當年父親捨不得讓牛運蚵，都是用人力挑，來回蚵田三、四次所擔的重量，比用牛運送的還要多。在挑運的重量中，比如好不容易擔了一百台斤，卻只有十台斤是真正能賣錢的蚵肉。

正由於蚵得來不易，雖是種蚵人，卻捨不得吃蚵。李福相說：「哪有那麼好命。」只有在感冒沒有食慾時，才會煮蚵仔湯補身體，平常吃食以蕃薯籤混入米飯，如果吃不飽，再混入給豬吃的草。有一年颱風來襲，浪大到把蚵枝從泥裡翻出來不打緊，蚵枝還反轉一百八十度插回泥中，損失慘重，那年就是個「歹年冬」。

李福相讀了三年日本書，因為家裡經濟條件不好，沒辦法再供他讀書，十一、二歲時，開始分擔家計。一開始負責餵牛，到了十五、六歲，身體比較壯了，工作換成擔蚵仔，幫著父親照顧養殖的蚵田。十七歲那年，學

芳苑の牡蠣養殖農家は最初から牛を海に出したわけではない。牛は大切な家畜だったため、父はなかなか牛に牡蠣を運ばせられなかった、と李福相氏は回想する。人で牡蠣を3、4往復して担いだ重さは、牛が運んでくれた重さよりもずっと重い。やっとの思いで60キロの牡蠣を担いたのに、実際に売れる重さはたったの6キロしかない。

牡蠣の養殖は決して容易いものではないので、たとえ養殖していても普段自分たちで食べる事はほとんどない。「そんな幸せなことができるか」と李氏はいう。風邪をひいて食欲がない時にだけ牡蠣をお吸い物にして滋養をとった。普段はサツマイモを細切りにしてお米と一緒に炊いて食べた。それでもお腹にいっぱいにならなければ、豚に食べさせる草を食べていたという。ある年、台風に襲われ、養殖の竹が高波にさらわれ泥から出てきて、しかも180度ひっくり返してまた泥の中に戻ってしまった。全く収穫ができずひどい年になってしまった。

李氏は3年間の日本教育を受けたが、経済的に思わしくなかったので

李福相分享採蚵的日子，笑著說下輩子不想再討海。
牡蠣収獲の話をする李氏は「生まれ変わったら、もう海で生きていきたくないね」と笑顔で言う。

這種半農半蚵「海牛耕蚵田」的漁村生活方式，只有在台灣的芳苑才看得到。
農業、牡蠣養殖半々の「牛が海で牡蠣田を耕す」漁村生活は、ここ台湾の芳苑でしか見れない。

會如何駕駛牛車，那時的牛車是四個輪子，車身比現在使用的兩輪牛車還長，可以載更多、更重的物品。十八歲成年後，就經常獨自櫓著竹筏到離岸好幾公里的外海釣魚，靠著一對櫓、一枝篙，幫家裡多賺點生活費。

那個年代，幾乎每一對夫妻都生很多孩子，李福相的父母生了五男四女。李福相是男孩中第二個出世的。曾經到過台北發展，也當過討海船員，捕過旗魚。後來芳苑外海泥沙淤積太嚴重，只好放棄捕魚，以種蚵為主。至於那幾年出海賺來存下的錢，就買了屋後方的地來耕作，種植稻子、花生，開始了半農半蚵的生活。

「哪有那麼好命」的半農半蚵生活

為了抓緊退潮的時間下蚵田，李福相經常半夜起床觀察潮水，有時凌晨一點多出門做事，到早上十點多才回到家。那時沒有路燈，都是在黑夜中摸著路旁的竹子找路。早上忙完蚵田，緊接著就到農田裡繼續勞作，問他「不需要午睡？」李福相還是那一句：「哪有那麼好命。」在蚵收成的季節，更是忙得不可開交，不僅天亮要採收，半夜也在採收，那麼大的蚵田，可

勉強を続けることができなかった。11、2歳の時から家の仕事を分担した。最初は牛に餌をやるのが仕事だった。15、6歳で体格がよくなってからは牡蠣を担ぎはじめ、父親の牡蠣養殖の手伝いをした。17歳のときに牛車を乗れるようになった。当時の牛車は車輪が4つあって、荷台は今の二輪牛車よりもずっと長く、より多く、重いものを運べた。18歳で成人してからは一人で筏に乗って何キロも離れた海に出て釣りをした。一対の櫓と一本の釣り竿で、少しでも足しになればと家の生活費を稼ごうとした。

あの年代ではどの家庭も子供が多かった。男5人、女4人兄弟のうちの次男だった李氏は、台北で働いたことがあって、漁船の船員になってカジキ獲りをしたこともある。しかし、芳苑沖の土砂のたまり状況がひどかったため、漁をあきらめ牡蠣養殖することにした。船員をして貯めたお金で、家の裏の畑を買い、稲や落花生を植え、半農半漁の生活をはじめた。

65

採蚵後要在運上岸前先洗個澡。
獲れた牡蠣まずはここでお風呂に入る。

靠著海牛將大量的蚵運回岸上。
牛が海から大量の牡蠣を海岸まで運ぶ。

是用了一萬斤以上的竹子插出來的蚵枝。

「做這行很辛苦，插蚵要認真，不然蚵仔會死掉。」李福相認真種蚵，每次收成回來十一簍左右的量，開蚵的工作李福相的老婆洪耍一個人做不來，請人幫忙，一斤的工錢是十元，蚵仔一斤可以賣二十五元，為了省工錢，洪耍可說是卯起全勁，一天可以開出七十台斤的蚵。在那個沒有冰箱的年代，蚵收成後，冬天可以放三天，夏天的話一天就臭掉了，有時候洪耍凌晨一點鐘就起床開蚵，認真工作的程度與李福相可說是不相上下。

為了栽培孩子，夫妻倆終年無休，努力工作。洪耍說：「我們有四個兒子、一個女兒，我自己沒有讀書，知道不識字的痛苦，只要孩子們有興趣讀，再怎麼辛苦，我們兩個都會想辦法讓他們讀。」有時家用很緊，然而夫妻倆這輩子，從來沒有向別人借過一塊錢。

去年，李福相有感於年紀大了，決定退休，帶著牛轉型，與彰化縣海牛鄉土文化推廣協會合作，載運觀光客至潮間帶從事蚵田體驗活動，而農地也

「そんな幸せなことができるか」の半農半漁生活

引き潮のタイミングをきちんと見計らって牡蠣の養殖作業に入るので、夜中に起きて潮の状況を見るのはよくあることだ。夜中の1時過ぎに家を出て、朝10時過ぎに戻ってくるが、当時は街路灯もないため、夜中は道の横の竹を頼りに家路につく。

朝、牡蠣養殖の仕事が終わるとすぐさま畑のほうに向かって仕事を続ける。「昼は少し休まなくて大丈夫なんですか」と聞くと、「そんな幸せなことができるか」という答えが返ってきた。牡蠣収穫の季節になるとより忙しくなり、明け方には牡蠣を獲り、夜中にも牡蠣を獲る。あれだけ広い牡蠣養殖畑だから挿した竹の重量は6000キロ以上にのぼる。

「牡蠣の養殖は本当に大変だ。手を抜くと牡蠣が死んでしまう。」一生懸命養殖をして、収穫は大体11籠になる。牡蠣を開けるのは洪福氏1人だけではできないので、人に手伝ってもらっている。殻を開けた牡蠣の売値は600グラムで25元、支払う賃金は600グラムあたり10元。人に払う

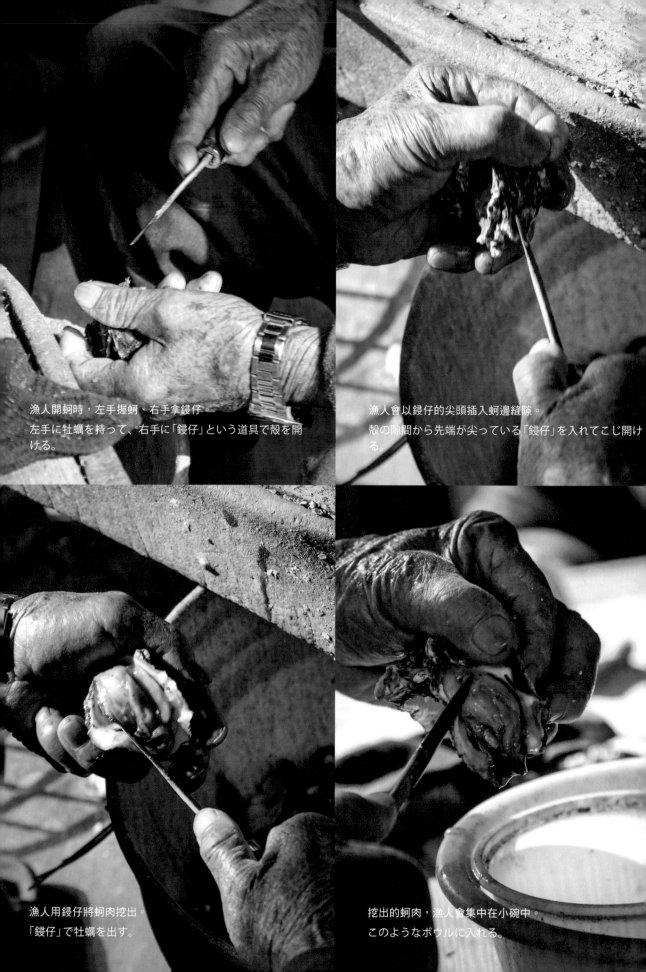

漁人開蚵時，左手握蚵、右手拿錁仔。
左手に牡蠣を持って、右手に「錁仔」という道具で殻を開ける。

漁人會以錁仔的尖頭插入蚵邊縫隙。
殻の隙間から先端が尖っている「錁仔」を入れてこじ開ける。

漁人用錁仔將蚵肉挖出。
「錁仔」で牡蠣を出す。

挖出的蚵肉，漁人會集中在小碗中。
このようなボウルに入れる。

改種玉米。在熱鬧的體驗活動中，李福相總是主動參與服務遊客的每個過程，除非你主動出聲，他才會跟你說上幾句話，只要你的要求合情合理合法，他會盡力做到最好，超出你的預期。

回頭看過去走過的路，如果有下輩子，李福相還會過著耕作、討海、插蚵（台語，意指養蚵田）的生活嗎？他說：「如果還要投胎，大家一定都想出生在有錢人的家庭，只有傻瓜，才會選擇這樣的生活，那是出世來過苦日子的。」

賃金を節約しようと全力で牡蠣を開ける洪氏は、1日で殻付きの牡蠣を42キロも開ける。冷蔵庫のないあの時代では牡蠣を獲った後に、冬は三日間、夏は一日で腐ってしまう。夜中の1時に起きて牡蠣を開けたりして仕事のに対する真面目さは李氏と全く変わらない。

子供たちをの教育を大切にしていたご夫婦は年中休むことなく一生懸命働いた。「息子が4人、娘が1人いる私たち自身は、学校に行くことができなかったので、文盲の辛さが身に染みるほどわかる。だからこそ子供たちが勉強してくれるのであれば、どんなに大変でもやりくりして勉強させる。」と洪氏は述べた。家計がいくら厳しくても、お二人は人に借金したことが1度もない。

去年、李氏は歳とったことを感じて引退することを決めた。牛の小白（シャオバイ）と一緒に、彰化県海牛郷土文化推広協会と提携し、観光客を牛車に乗せて潮間帯まで連れて行き、牡蠣養殖を体験してもらっている。また、畑の作物もとうもろこしに変えた。このような賑やかな体

彰化芳苑在台灣西部，這裡的蚵田美名響遍台灣。每日可見牛車來回於海中蚵田，牛車一來一往，慢行於泥中海岸，更讓芳苑海岸更添傳統純樸的漁村風光。

台湾西部に位置する彰化芳苑は牡蠣養殖畑で有名だ。牛車がゆっくりと芳苑の海にある牡蠣畑を往復する姿が毎日見られ、これが素朴な漁村で有名な景色となった。

験イベントの中で、積極的に観光客にサービスを提供する全てのプロセスに参加しているが、こちらから声かけなければ、ほとんど無口のままだ。観光客に頼まれたことが合理的で合法だったら最善を尽くしてくれて、予想以上のことをしてくれる。

今までを振り返って、もし生まれ変わったら同じように畑を耕し海で牡蠣養殖をしますかと聞いたら、「生まれ変わるんだったら、みんな裕福な家庭に生まれたいでしょう。こんな生活を選ぶ人はアホだよ、しんどい人生になってしまうぞ。」と返ってきた。

海牛採蚵活動體驗
需事先預約
海牛驛站－彰化縣芳苑鄉芳漢路芳二段161巷100號
886 4 898 6615

海牛カキ捕り体験
要予約
海牛驛站－彰化県芳苑郷芳漢路芳二段161巷100号
886 4 898 6615

洪維身蚵仔炸
08:00–20:00
彰化縣芳苑鄉芳漢路519號
886 4 893 3220
提供各種蚵料理

洪維身カキフライ
08:00–20:00
彰化県芳苑郷芳漢路519号
886 4 893 3220
各種カキ料理を提供

魚釣
魚釣
——
高雄・杉林｜不分季節與魚種
高雄・杉林｜季節と魚種問わず

魚釣是台灣西南部高雄小林村，大武壠族人流傳已久的捕魚技法之一，和魚籠式的漁法不同，魚釣一次只能抓一隻魚，漁人可以在裝置架設好後暫時離開，稍待片刻再來收穫，在此以捕捉捲仔魚（何氏棘）為主捕。 在注意安全下的情況下，魚釣是種不論任何年齡、性別，只要有興趣，找了同伴就可以一起去溪邊捕魚的漁法。

「魚釣」は台湾南西部に位置する高雄小林村の大武壠族（Taivoan）で受け継がれてきた漁法の一種。籠を使った漁法と違い、一度に一匹しか獲れない。釣り人は装置を設置した後、しばらく離れてから収穫を確認しに戻ってくる。魚種はコイ科で台湾固有種の「捲仔魚」がほとんどだ。「魚釣」は安全に注意すれば、友人と誘い合って、年齢性別を問わず、誰でも川で気軽にできる漁法だ。

因與水為伍，而把山林與溪水扛於心上

年近七十的大武壠族人徐大林師傅幼時家中務農，雖然他小時成績優異也初中畢業，在城市應該可以找到不錯的工作，謀得一穩定職業。卻因為放不下家中的農事與家務，決定留在家中，增添人手幫忙農事，而放棄花花世界的理想。

但也因為愛玩水，從小在溪邊「與水為伍」，與同伴在河岸蹦跳嬉鬧、尋找玩樂。因此，玩著玩著，除了務農外，他不經意間也向村子裡許多長輩討教如何使用和製作傳統的「魚筍」、「魚釣」或「棍釣」捕魚方法，讓他因此背起許多技術，把大武壠的山林與溪水扛於心上。

徐師傅走在河床上出發尋找合適的魚釣捕魚裝置擺放地點時，腳程俐落，走起路來讓人知道這片土地是他的地盤。沒三兩下，當他的目線標好地點後，他的GPS裝置即刻啟動，找出溪流裡可能「住魚」的窟窿。又再腳步

水と共に育ち、山、木々、川を心に掛ける

70歳近い徐大林氏は台湾先住民一支である大武壠族（Taivoan）人。農家で生まれ育ったが、子供の頃から成績がとても良く、中学校に進学、卒業もできたので、都市に行けば良い就職ができるはずだが、農業も家のことも放って置けず、都会に行くのを諦め、家に残ることにした。

また、水遊びが好きで、小さい頃からよく川に遊びに行った。水とともに育ったと言ってもいいかもしれない。友人らと川辺で遊んだり、楽しいことをしようと思っているうちに、農作業の傍ら、同じ村に暮らす年配の方に魚筌の編み方、「魚釣」や「棍釣」といった伝統漁法を教わった。こうしているうちに伝統漁法の技法を覚えただけでなく、いつの間にか小林村の山、木々、川が、心の中で特別な場所を占めていた。

川床に「魚釣」の捕獲装置を設置する場所を探す際、徐氏は「ここは自分の縄張りだ」と言わんばかりの軽やかな足取りだった。てきぱきと場所を決めたのち、まるで彼の体内にGPS装置が内蔵されているかのような

徐大林深感傳統文化逐漸消失，所以決定將記憶深處的技法傳承下去。
伝統文化が消え去ることを痛感したため、徐氏は記憶の奥にあった技法を伝えていこうと決心した。

比起現代漁網，魚釣捕魚法在製作器具及等待時間上麻煩許多，因此技法走在失傳邊緣。
現在の網漁に比べると「魚釣」は器具の製造に手間がかかり、待ち時間も長いため、技法が消えつつある。

輕巧地跳進水中確認地點。他拿起以長枝竹製成的一組釣具，一支以石塊卡穩安置在河床上，另一支可移動式的基座則負責於水中誘惑好奇的魚兒。

魚釣裝置的誘餌是一串稻穗，溪水與四散的穗粒一同閃爍，試餌時，粗糙的雙手需從水中撈起誘餌，結實的手掌掛在空中。

相較於「電魚」或「網魚」，魚釣是一種「保護生態」的捕魚方式。魚釣使用者每放一次餌最多就只能捕捉到一隻魚，而且也不會釣到魚苗，捕獲的魚數量通常只夠自給自足，無法拿出去販賣。所以相較大武壠族的其他漁法，魚釣被人遺忘的速度也更加迅速。

消失村莊的記憶
「魚釣」這個漁法是在 2009 年八八風災之後，日光小林社區希望以這些傳統漁法為核心，舉辦深度小旅行，藉此讓外地人知道大武壠的故事，也以此作為振興地方的一種方式。當年的風災，一夕間把小林舊村落好幾百人

鋭い感覚で、河の中に魚が住んでいるかもしれない洞窟を探し出すと、再び軽やかな足取りで水の中に入り確認する。それから長い竹で出来た釣具を取り出し、石を使って片方を河床に差し込んで固定し、もう片方は移動できるベースで、こちらを水の中に入れて、好奇心旺盛な魚たちを誘惑するのだ。

ここで使われる餌は稲穂である。稲穂が川の水と共に輝きを放つ。徐氏は餌を確認しようとごつごつした手で水の中から餌をすくいあげ、しっかりした厚みのある手が空中に留まった。

電気ショック漁法や網漁に比べ、「魚釣」は一度に一匹しか獲れず、また稚魚を獲ってしまうこともないため、より生態を保護できる。しかし、捕獲できる量は自給自足というくらいで、生業にするほど多くは獲れないため、大武壠族(Taivoan)のほかの漁法よりも人に忘れられるスピードが早かった。

魚釣用具皆以長枝竹製成，製作必須仰賴師傅精湛的竹藝功夫。

「魚釣」の装置は長い竹で作られ、また匠の技が必要。

魚釣主要分成兩部分：一是固定在河床上的釣竿，二是可移動、尋找魚群聚可能地點的基座。

「魚釣」の装置は二つに分けられる。一つは川床に固定された釣竿、もう一つは移動できる魚群を探すベースである。

用飽穗的稻穗做餌，有米漿的稻子對魚來說比較香。

登熟した稲穂を餌に。魚たちはデンプンが蓄積された胚乳を好む。

當魚拉誘餌被釣鉤卡住後，基座上的機關即會被扯動。此時魚就會隨著釣竿往上彈，並掛在空中。

餌に食いつき、釣り針にかかるとベースのからくりが動かされ、魚は釣竿とともに上に跳ね上がり、空中にぶら下げられる。

先帶走了,而留下來的人也開始面臨龐大考驗,除了要接受失去親朋好友的痛心外,對於自身傳統流逝的恐懼也更加清晰。

徐師傅說:「那之後,文物就都不見了,就像我們的房子也都空空了,所以要重頭做起……」家裡務農的他,後來因社會變遷曾去外頭工作過,也因此躲過大災難,但也決心回家鄉奉獻自己掩藏在記憶深處的傳統工藝技法,更加入由年輕人和社區所舉辦的深度小旅行活動,擔任技術指導員,帶領外地來的知青、文青或親子團們,一起做魚笱、魚釣裝置或藤編,也和外面的人說說大武壠的故事。

傷痛不好撫平也難穿越,對於小林人而言,過去的許多回憶都是開心與痛苦的大石頭,擱在心坎裡,然而人會用力長出新力量和新的自己,像轉化記憶深處的技法為重生的介質,努力重新定義傷心懊悔的過程,而我們也才能再次見到像是徐大林師傅的魚釣製作。

消えた村の記憶

2009年の8・8風災後、日光小林コミュニティーはこのような伝統漁法をテーマにした深みのあるプチ旅を開催し始めた。旅を通して、大武壠族の物語を知ってもらい、地方創生に繋げようとした。当時の風災は一夜にして小林旧村に住む数百人を連れ去り、生き残った人にも大きな試練が待ち受けていた。家族や友人を失った悲しみ以外に、自分たちの伝統もそれに続き消えてしまう可能性も浮上してきた。

徐氏はこう述べた。「あれからすべての文物が消えてしまった。私たちの家が消えてしまったように。だから最初からやり直さねば…」。農家で育った徐氏は社会全体が変化したため、村を離れ都会で働くようなった。だからこの天災から逃れることができたが、災害後は、自分の記憶の奥にあった伝統工芸技法を貢献しようと故郷に戻ってきた。

若者やコミュニティが主催する旅に技術指導者として参加し、やってきた知識青年、文芸青年あるいは親子連れと一緒に、魚筌、魚釣装置や藤

位於高雄的小林部落原居民大多屬大武壠族人（Taivoan），為台灣原住民的一支。在年輕族人及有經驗的師傅努力下，像魚釣、魚筌捕魚法或棍釣都搖身一變，成為目前深度旅遊或體驗不可或缺的環節之一，當地文化工作者也藉這些活動讓傳統延續。

高雄の小林部落の住人のほとんどは、台湾先住民の一支の大武壠族（Taivoan）である。若い先住民と経験豊富な師匠の努力のもと「魚釣」、「魚筌」や「棍釣」といった漁法は、深みのある旅や体験型旅行の重要なコンテンツとなり、地元の文化力を推進する人たちも、このようなイベントを通して伝統を受け継いでいる。

編を作るなどして、この土地の物語を伝えている。

天災で心に大きな傷ができ、乗り越えるのも難しい。小林村の人にとって過去の思い出は心から取り除くことのできない、喜びと悲しみの大きな石となった。

しかし、記憶の奥にあった伝統技法を再出発する媒介として使い、悲しい、悔しいその過程を再定義した徐氏のように、人間は困難に直面して成長し、力が湧き、新しい自分に出会うのだ。だからこそ魚釣などの伝統漁法に触れられる。

傳統漁法捕魚體驗
包含在社區小旅行遊程內‧可致電詢問
日光小林社區發展協會－高雄市杉林區忠義
路1號
886 7 677 5186

賀買餐廳
10:00-14:00、16:00-20:00
杉林區清水路36之2號
886 7 677 2666、886 7 677 2777
杉林區活魚料理

伝統漁法による漁体験
コミュニティ巡りツアーに含まれる。電話
にてお問い合わせください。
日光小林社区発展協会－高雄市杉林区忠義
路1号
886 7 677 5186

賀買食堂
10:00-14:00、16:00-20:00
杉林区清水路36之2号
886 7 677 2666、886 7 677 2777
杉林区活魚料理

島中央

島中央

浮嶼
浮島

———

南投・日月潭｜不分季節與魚種

南投・日月潭｜季節、魚種を問わず

最早的浮嶼捕撈法是台灣中部南投日月潭的邵族人利用潭邊自然生成的草堆 rizin，所進行的漁撈方式。

もっとも古くから浮島を用いて漁をしていたのは台湾中部に所在する南投の日月潭のサオ族。自然に形成された水辺の草叢 Rizin を使用した漁。

像活著的潭中土地

台灣中部重要湖泊日月潭還沒被當成水力發電來源的場地時，潭的深度並不高，且潭內有許多小島，潭邊則充斥著大大小小因為雜草陳年厚厚堆疊而形成的浮動陸地，就像活的土地一樣，人站在上頭可以走跳，但腳下可不是扎扎實實的土地，而是清澈、養活當地萬物及邵族的日月潭水。這些會浮動的草堆即是「天然的浮嶼」，邵族稱為 rizin，漢人稱作「草坡仔」，是生態系豐盛的植物動物聚集地，舊時邵族漁民會在浮嶼旁抓魚，有許多魚類─包括鯽魚、鯉魚，尤其是當地盛產的奇力魚會躲在浮根裏生活，而牠們是當地邵族的主食之一。日月潭的魚產肥美、山景茂密，水與山都是邵族人的獵場。

然而日治政府因為擔心天然浮嶼阻塞日月潭的出水口，因此將這種天然浮嶼全面銷毀。就像民國47年調查的邵族民族誌報告已指出，當時早不見天然的浮嶼，只剩下人工搭建的「竹排仔」所製成的「人工浮嶼」。而「魚

生き物のように浮かぶ島

台湾中部に所在する重要な湖-日月潭は水力発電として使用される前、水深は浅く、湖内にはたくさんの小さい島が浮かんでいた。湖の周りには長きに渡って溜まってきた大小さまざまな雑草で形成された浮島が点在し、まるで生きた土地のように、上で跳ねたり、行き来できたりする。足元の裏には万物を育んできた澄みきった日月潭の水が含まれており、柔らかい地面を形成している。これらの動く草叢は「天然の浮島」とされ、サオ族では「rizin」、漢民族には「草坡仔 (ツォボエ)」と呼ばれ、多様な動植物の生息地を形成している。昔、サオ族の漁師は浮島の周りで漁をし、鮒、鯉、また地元で良く捕られるヘミクルター (奇力魚) など、多くの魚が捕られていた。ヘミクルターは浮き根の間に生息し、サオ族の主食の一つである。日月潭は脂がのった美味な魚の宝庫であると同時に、蒼く茂る山々に囲まれており、湖とともに山地もサオ族の狩場であった。

しかしながら、日本植民地政府は天然浮き島が日月潭の排水口を塞いで

袁光河是手工藝國寶級的邵族長老。
袁光河はサオ族の長老でありながら、工芸においては国宝級の腕前の持ち主でもある。

袁長老製作的魚筌曾被選為總統拜訪邦交國的元首贈禮。
袁氏の作った筌は総統が国交国に訪問した際のお土産として選ばれていた。

筌」(lhalhuzu)就是家家戶戶掛在浮嶼上用來捕魚的竹編器具。

「早期的社會不像現在的社會，沒什麼休閒活動，大家吃飽就做魚筌啊。都要自己做，不自己做就沒得吃。」袁光河耆老回憶講述舊時日月潭邊做手工藝的場景。人工浮嶼在岸邊起起伏伏，人們便能瞧見綁在上頭的魚筌也跟著水波跳舞，奇力魚若要交配產卵時，跳啊跳的就進魚筌的甕中，成為岸邊人家的料理。牠們被酥炸、熱煎、醃製，成了族人的傳統美食之一，至今仍是日月潭邊傳統餐廳的招牌。

與經濟、環境緊密相連的文化產物

在漁業現代化機器尚未發達前，浮嶼可是每家食物所需的重要經濟生產工具。邵族從原本蓋草在「竹排仔」上引誘魚類，後來改成在上頭種植不同耐水的植物，包括各式雜草、野薑花還有仙草等，讓漂浮的根部可以吸引更多魚群聚，前來弄草「拍籽」(下蛋)。如果邵族人想吃魚，就要從岸邊划著獨木舟，慢慢划至浮嶼旁，踏上漂浮的土地，回收前些時間放下的魚筌。抓到魚後可以自家食用，也可以賣給沒抓魚的族人或閩南人。

しまう可能性があるとして、全面的に除去してしまった。1958年のサオ族民族誌の報告によると、当時、浮島はすでに存在していなかった。残ったのは「竹の筏」で組み立てられた「人工的な浮島」のみだ。今では、各家が漁で使用している竹で編みこんだ漁具-「筌」、「lhalhuzu」をそこにかけている。

「昔の社会は今と違ってレジャーがないため、暇つぶしにみんな筌を作っていた。だって、自分で作らなければ食べていけないから」、当時日月潭の水辺で工芸品を作っていた光景を思い出して耆老袁光河が語ってくれた。人工的な浮島は風に吹かれ、水際につけられている筌も湖面の波に揺られてともに踊っているようである。ヘミクルターは産卵期に入るとぴょんぴょんと筌の籠に飛び跳ねていき、周りの家のごちそうになる。揚げもの、焼きもの、漬もの等にされ、いまだにサオ族の伝統的な料理として、日月潭周辺にある伝統食のレストランの看板料理とされている。

族人會製作魚筌放置在浮嶼下捕魚。
サオ族の人々は筌を手作りし、浮島に設置して漁をして
いた。

設置前會採集樹葉用以偽裝魚筌。
葉っぱを採集し、筌を覆って隠している。

將魚筌掛在樹枝，上覆樹葉偽裝放進水中。
筌を木の枝に装着し、葉っぱで上を覆い、水の中に設置
する。

現有浮嶼皆為展示用，不具從前捕捉功能。
現在残っている浮島はすべて展示用のためであり、漁の
ためには機能していない。

浮嶼不只攸關邵族人的經濟，更與文化緊密相連。傳說勇敢的族人努瑪因族人捕不到魚而潛下日月潭，看見住在潭裡的精怪達克拉哈（Takrahaz）正在破壞漁具，所以展開三天三夜的大戰。後來努瑪才知道，達克拉哈是基於擔心族人的過度捕撈才破壞漁具。因此，邵族人開始體悟到維持萬物永生的重要，不用太細的漁具、太小的魚筌，也設置浮嶼，讓魚蝦有更多獵食、下卵、繁衍的空間，並按季節捕撈，維持湖內的生態平衡。

経済、環境と緊密に結ばれている文化的産物

現代化された漁業設備が発達する以前、浮島はどの家にとっても重要な生産現場であった。サオ族の人々は「竹の筏」に草を敷いて魚を寄せ付けていたが、やがて筏の上に雑草、ジンジャーリリー、センソウなど耐水性の異なる植物を植え始め、よく浮草の根っこを用いて多くの魚を寄せ付けて産卵させるようになった。サオ族の人々は魚を食したい時、湖岸からカヤックを漕いでゆっくりと浮島に近づき、浮かぶ地面を渡って少し前に設置した筌を回収すれば、自家用に、また、漁をしていない他のサオ族の人々や閩南人に販売できる。

浮島はサオ族と経済面のみならず文化面でも緊密に繋がっている。伝説によるとサオ族のヌマという人は漁がうまくいかないため、日月潭に潜ってみた。潭の底で精霊のタクハラ（Takrahaz）が漁具を破壊しているところに遭遇し、三日間かけて戦った。のちになってヌマはタクハラが乱獲を防ぐため漁具を破壊しようとしていたことがわかった。それ故、サオ族の人々はすべての生き物の持続的な生息の大切さを考え始め、目の

日月潭位在台灣中心地區，自古以美景出名，是台灣第一大天然湖泊，原潭邊及附近山區居民多為邵族人。如今，日月潭是遠近馳名的觀光景點。

日月潭は台湾の真ん中に所在し、古きから美しい景色で知られ、台湾で最も大きい天然湖。日月潭の一帯にはサオ族の人々が多く生活していた。今は有名な観光スポットとして広く知れ渡っている。

細かい漁具で漁をせず、また、浮島を設け、魚介に捕食、産卵、繁殖の空間を提供し、捕獲する時期を守り、湖内での生態系のバランスを保つようになった。

浮嶼展示
24小時
水社親水歩道－南投縣魚池郷

邵族頭目袁家美食
10:00-14:30 、17:00-20:00 週三休
南投縣魚池郷義勇街97號
886 919 736 383
提供日月潭獨有的奇力魚、總統魚料理

浮島展示
24時間
水社親水歩道－南投県魚池郷

邵（サオ）族頭目袁家美食
10:00-14:30 、17:00-20:00 水曜定休
南投県魚池郷義勇街97号
886 919 736 383
日月潭に特有の奇力魚（ヘミクルテル）や
総統魚（カワヒラ）料理を提供

離島

離島

石滬
石滬

———

澎湖・吉貝｜東北季風｜丁香魚、苦饒、紅甘鰺

澎湖・吉貝｜北東モンスーン｜キビナゴ、インドアイノコイワシ、カンパチ

早期澎湖內海受地形影響，靠水吃水的住民，利用潮差原理，發展出在潮間帶填造大型石滬，藉以誘魚的捕魚方法。石滬是人類最古老的捕魚方法，屬定置漁業，需要合力經營。由代表人募集股東認養，親屬優先，再由合資人共同修滬，建造完成向政府登記。當地更以「沒有加入石滬股份就娶不到老婆」，來形容石滬與漁人的連結性。

昔、澎湖に住む人々は内海の地形の影響により、海で生計をたてていた。潮汐作用を巧みに利用して魚を取り込み、浅海に大型の石滬に展開した。石滬は人類最古の定置漁具の一種であり、協力しながらの運営を必要とする。代表者が親族優先で株主を募集し、協同で建設し、完成次第行政に登録手続きを行う。「石滬の株を所有して初めて結婚の資格が得られる」という言い伝えがあるほど漁師の生活と緊密的な関係がある。

民國43年次生的「柯爸」柯進多有好多身分。他是船長，擁有一艘30噸的漁船；並擔任吉貝石滬保護隊的隊長。不管是船長還是隊長，在石滬面前，柯爸永遠承認，「石滬是我捕魚的老師。」從小學開始，每年暑假都跟著阿公一起巡石滬。每當柯家輪到當滬主時，巡滬的工作就落在一老一小的身上。他從幫阿公拉網、收網一兩次就上手，展現了捕魚的天分。

石滬每個季節都有不同的魚，柯進多一一摸清楚每一種魚的習性。譬如鮸魚會在冬天的早晨游進淺海；丁香魚、白寮仔魚天性喜歡群聚，擠進滬房，甚至擠到吸不到氧氣，翻了白肚皮。

柯爸還記得十幾歲時第一次看到整個滬房，從海面下到海面上滿滿都是丁香魚，幾乎看不到水，目測應該多達上萬斤。以前交通不便的年代，丁香魚煮過曬乾後批發出去，都賣到山上。「現在整個台灣公路都通了，大家都吃鮮魚，吃魚乾的人少了。」

1954年生まれの柯進多氏にはいくつもの身分がある。彼は船長であり、30トンほどの漁船を持っている。彼は吉貝の石滬（魚垣、石干見）保護隊の隊長を務めている。船長でもいい、隊長でもいい、「石滬は私の師匠だ」と石滬について柯進多はこのように認めている。柯進多氏は小学校のころから毎年、夏休みにお爺さんと一緒に石滬を巡回していた。その頃のお爺さんはもう漁には出ず、石滬の管理当番が回ってきたときには必ずこの老人一人と子供一人（柯進多）が担当していた。彼はお爺さんを手伝い、網を引いたり片づけたりしている間にすぐに上達し、漁の才能を発揮していった。

季節によって石滬で捕れる魚は変わってくる。柯進多はそれぞれの習性を把握している。例えば、にべ（鮸）は冬の早朝に浅浜に入り、キビナゴ、インドアイノコイワシは群れているため、大集団で石滬に入り酸欠に陥り、一部へい死する場合がある。

石滬の水面の上下ともにキビナゴでいっぱいの光景を十代の時に初めて

從小就跟著阿公巡石滬的柯進多說石滬是他最初的捕魚老師。
子供のころからお爺さんと石滬を回ってきた柯進多は石滬が自分の最初の師匠だと言った。

石滬是人類最古老的捕魚方法，屬定置漁業。
石滬は人類最古の漁法であり、定置漁業の一種。

石滬真正的決戰期是在冬天。從秋末到初春，種類豐富的各式魚類湧入，漁獲源源不絕，撐起了柯進多一家十口人，但是得忍受寒冷。當時沒有防寒衣，又怕弄濕衣服，柯進多常常脫光光潛下水去抓魚，海水比冷凍庫還冰，半小時就得上來休息喘一口氣。

疊石滬接受魔鬼的習藝

比起漁船出海，疊石滬是更難入手的一門技藝，柯爸記得自己十幾歲時連搬石頭的資格都沒有，因為每一顆石頭的方向、大小、形狀都不同。「放一顆石頭要同時思考下一顆石頭能不能插得進來，就跟下棋一樣，每一步都要留後路。」柯爸學了十幾年，一直到二十幾歲才真正掌握訣竅。

平常巡滬除了撈魚外，如果感覺到滬石有鬆動的地方，就會到海面下撈起合適的石頭，隨時填補；滬堤上的石頭有黑有白，較淺的石頭就是新補上的。「以前靠石滬吃飯，絕對是今天垮、明天修，非常嚴格，哪會像現在讓它垮在那邊。」疊石滬要看水勢搶時間，在海上不及陸地上行動自如，有時候石頭重達百斤，一不小心常常手腳會被石頭壓傷，但是如果沒有徹

目の当たりにしたことについて、柯進多は鮮明に覚えている。目測では1万斤以上の量だと思われる。昔、交通の便が悪く、捕れたキビナゴは釜揚げしてから天日干しし山に住んでいる人に販売していた。「現在では台湾全土に道路が通っており、みんな新鮮な状態で食することが多く、煮干しを食べる人が減っている」。

石滬の正念場は冬である。秋の終わりから初春にかけて様々な多くの魚が寄ってきて大漁となり、柯進多一族を養ってきた。ただし、冬は寒いが防寒用具はなく、服をぬらさないようにするため、柯進多はよく裸のままで潜って漁をしていた。海水は冷凍庫よりも寒く感じ、半時間おきに上がって休みを取っていたほどの重労働だった。

石滬を積むという地獄の修行

漁船に乗って漁に行くより、石滬を積むことはより難しい技術が必要とされている。石によって、形、置く向きなどがすべて異なるため、柯進多は十代の自分には石を運ぶことさえ十分にはできなかった、と記憶し

漁人走在石滬上巡滬找魚群。
漁師が石滬の上を巡回し、魚の群れを確認する。

確認石滬中有魚後，開始整理網子捕魚。
魚が確認出来たら網を用意する作業に入る。

漁人將網子繞著石滬池散開，一面趕魚。
石滬に沿って網をかけ、魚を寄せ付ける。

在石滬裡逐步收網，將魚群納入網中。
石滬の中で網を引き、魚群を網に集め、捕獲する。

底整理的話，颱風來就會從那個地方垮掉，一點也輕忽不得。

從小就跟在爺爺身邊，柯爸從村子裡的老人家口中聽聞不少石滬的來歷。像吉貝最老的石滬至少有兩百五十年的歷史，當時因人口並不多，是所有村民一起所疊。石滬一直都採眾子均分的方式傳承，約三代後的日治時期，持份者越多、收益越薄，便有親族朋友相約出去疊新滬，如今現存的103座石滬，就是百年前開枝散葉的結果，形塑了吉貝石滬故鄉的風貌。

互助會式的股東俱樂部

「滬主最多可以到28、29人，最少的大概5個。」，柯進多除了自己家族的石滬，還加入三個石滬，好像參加互助會一樣，有10人、12人份，有的是一年一年輪，有的一個月一次，也有的七、八年才輪到一次，「如果輪到那一年不是很好怎麼辦？」柯爸說，那就要在每年的農曆十月十日拿菜飯去拜水仙王，祈求來年的豐收。

為了更有效的抓到魚，若有十個股東，就有建十個滬牙，每年農曆七月都

ている。「一つの石を置くには次の石はどう置けるかを囲碁のように先をみて計算している」。石が足りなくなったら直ちに角度を調整するなりして、計画変更をする。柯進多は十数年の見習いを経験し、二十代に入ってからやっとコツを掴んできた。

普段、石滬の巡回のとき以外にも、緩みが現れた箇所を発見したときには、海の底の石を拾って補填していた。石滬には白、黒の石が点在し、色の薄いものは新しい石である。「昔はみんな、石滬で食べていた。どこか崩れた箇所を見つけたら必ず次の日にはすべての滬主（株主）は立会し、厳しく確認してそのもとで修繕していた。今のように崩れているのを放置することはあり得なかった」。石滬を積むのに水の流れが決め手になるため、時間との戦いになる。海の中では陸のように自由がきかないため、少しの不注意で、百斤ほどの石によって手足が潰されることがよくある。しかし徹底的にメンテナンスをしないと台風の度に弱っている箇所から崩れるので、油断は許されなかった。

抱墩就像在石滬裡蓋間VIP室，以珊瑚礁堆成。
抱墩は石滬の中にある特設室のようであり、サンゴ礁でできている。

用來補臭肚魚、玳瑁石斑等特殊魚種。
アミアイゴ、モヨウハタなどの特殊魚の捕獲に使用する。

會重新抽籤分配。什麼是滬牙？想像一下一個心型的石滬，兩側的臂灣長出十根犬齒的樣子，這冒出的滬牙作用跟滬房一樣也是集魚區，除了輪到滬主的人可以收成滬房的魚獲之外，每個股東可以取走自己滬牙的魚，而且每年滬牙的位置都會抽籤輪流交替，非常的公平。

柯進多回憶自己十幾歲的時候，最老的石滬差不多全垮了，後來動力漁船興起後，石滬沒有人修復、漁獲量越來越少，一直到二〇〇五年石滬文化館成立後，在二〇〇七組成了吉貝石滬保護隊，這十幾年陸陸續續，修好了40個石滬，才使得石滬的魚獲量恢復了一些，但屬於全村共有、已有百年歷史的「東滬仔」修復後，希望標出去把收益留給公廟，卻一直流標。

「自從日本人發明天（刺）網之後，抓魚很狠，這幾年石滬的魚少了很多。他們可以發明也可以禁止，但是現在別的國家拿去用。」雖然日本禁用了，但中國大陸有兩艘船在用，影響很大。但是柯爸並不悲觀。他認為「海底的東西怎麼可能抓得一條都不剩，天網都沒那麼厲害，我看只是被轉到別的地方去了，也許跑到別的世界也說不定。」

小さい頃からお爺さんのそばについていたので、村の年寄りから石滬についていろいろ聞いている。例えば吉貝で最も古い石滬は250年ほどの歴史がある。当時は人口が少なかったため、村をあげて全員で石積みをした。石滬はずっと世襲制ですべての子供に相続されるため、三代相続した植民地時代には株主が多すぎて利益が薄い状況となった。そのため、親族が新たに石滬を作ることを提案し、現存する103基の石滬ができるまで、百年前からこのように展開してきた。これは吉貝が石滬の里になる経緯であった。

頼母子講形式の株主会

「滬主は28、29人までが最大で、最低は約5人ほどだ」。柯進多は一族の石滬のほかに三つの石滬にも入っていて、頼母子講のように、10人、12人などに分けられ、1年に1回、1か月に1回、7、8年に1回などそれぞれのサイクル期間が異なる。「順番になった年に不漁だったらどうする？」という問いに対して、柯進多は「だから毎年の旧暦の10月10日にお供えを用意し、水仙王に拝み、来年の大漁を祈っている」と答えた。

澎湖是台灣附屬島嶼，由九十多座大小島組成，皆位於台灣西側的台灣海峽上。現今澎湖五百多口石滬之中，吉貝占了一百零三座，密度居世界之冠。

澎湖は台湾の西側にある台湾海峡に所在する大小90余りの島嶼からなる澎湖諸島から構成されておる。澎湖に現存している500基以上の石滬のうち、吉貝だけでも103基を占めており、密度的には世界一である。

より効率的に漁をするため、10人の株主がいる石滬にはさらに10の滬牙を築き、毎年の旧暦の七月に場所を決める抽選を行う。滬牙というのは、例えばハート型の石滬の両側のカーブの外側に10本の犬歯が入っているような光景である。滬牙は石滬と同じ働きがあり、魚を寄せ付けることができる。そのため、順番が回ってきた滬主以外の株主も各自の滬牙から魚がもらえる。毎年抽選しなおすため、非常に公平な仕組みになっている。

柯進多が十代の頃には最も古い石滬はすでに崩れており、その後、漁船が発達し、石滬を補修しなくなり、捕獲量は次第に減っていった。2005年に石滬文化館が建設され、2007年に吉貝石滬保護隊が結成され、ここ十数年の間、40基の石滬が徐々に修復され、石滬での捕獲量は少し回復した。しかし、村で所有している百年以上の歴史を有する修復された「東滬仔」に公募をかけて将来収益が得られた場合にはその収益を村の廟に寄付しようとしていたが、入札不調が続いている。

「日本人が刺し網を発明し沢山の漁をしたせいでここ数年石滬の魚が大分減っている。今は禁止になったがほかの国が使っている」。確かに日本では使用禁止になったが、中国大陸にはまだ2基の漁船が使用しているため、その影響が大きい。柯進多は決して悲観的にはならない。「刺し網はそこまですごくない。海のものはそれですべて取られてしまうわけではない。単にほかの場所に魚群が移っただけでしょう。もしかして、ほかの世界に。」と彼は語った。

石滬文化展覧
09:00-16:30 週三休
吉貝石滬文化館－澎湖縣白沙鄉182之2號
886 6 991 1487

石滬文化展示
09:00-16:30 水曜定休
吉貝石滬文化館－澎湖県白沙郷182之2号
886 6 991 1487

別野餐廳
11:00-13:00 晚餐時間不固定營業
澎湖縣白沙鄉吉貝村183-22號
886 6 991 1278
提供各種澎湖在地特殊料理

別野食堂
11:00-13:00 ディナーの時間帯は不定休
澎湖県白沙郷吉貝村183-22号
886 6 991 1278
澎湖地元の郷土料理を提供

鰹竿釣
カツオ一本釣り

———

綠島・公館 ｜ 農曆五到七月最佳 ｜ 鰹魚

緑島・公館 ｜ ベストシーズンは旧暦 5 月から 7 月 ｜ カツオ

台灣東邊太平洋上的綠島鄉知名「一秒釣一隻魚」的鰹竿釣技法，相傳最早由日本傳入。島民為了保存鰹魚，而學會了柴魚製作技術，也帶動柴魚工廠的興起。鰹竿釣是一個團體行動的捕魚技法，從事前準備捕捉丁香魚做為誘餌，到出海後，各司其職，一人開船，一人丟誘餌，一人灑水，多人輪番下竿拉魚，其壯麗的畫面和無法言傳的釣魚技法，更為鰹竿釣達人增添一份神祕和敬意。

台湾東部太平洋上の緑島郷で著名な「1秒に一匹」カツオ一本釣り技法は、日本伝わってきたものである。島の住民たちはカツオを保存するため、カツオ節の作り方を学び、島にカツオ節工場も次々と建てられた。カツオの一本釣りは団体の漁法で、事前に餌にするきびなごを獲り、海に出たらそれぞれ自分の役割を果たし、1人が船を操り、1人が餌を海に投げ入れ、1人が水を撒く、多くの人が竿を持って釣りをする。その雄大な場面と言葉にはできない魚釣りの技法は、カツオ一本釣り達人に神秘的なベールをかぶせ、また敬意を表するものとなった。

©綠色

田東福的「光滿號」，是綠島出名的鰹竿釣漁船，擔任大公的田東福（日本人稱船長為「大公」），不但善於掌舵找到鰹魚群，更有一手釣鰹魚的好功夫。在民國五十年代到七十年代，綠島鰹竿釣興盛的時期，田亦生回憶父親：「漁船如果有好收穫，便會在船首或船尾插上旗子，五、六百公斤就有一面旗，兩面旗則代表一千公斤以上的大豐收，光滿號經常都是插著旗子回來的。我爸很會釣，如果一艘船有十個人在釣，他釣的量可達三分之一。他真的很會釣。」

用力還不夠，用心向老一輩學習才能夠精進

田家的鰹竿釣是一代代傳下來的，田亦生剛開始跟著父親捕魚時，很會游泳的他，在子船上負責「相魚仔」（台語），也就是找丁香魚群，做為準備釣鰹魚時使用的活餌。當時綠島的鰹竿釣，以六根槳的無動力舢板船為主，要划到島的東面去抓丁香魚，朝日溫泉一帶以急流出名，舢板船經常划不過去，即使休息一下再划，也常常划不過去，又要再划回來，通常漁

田東福氏の「光満号」は緑島で有名なカツオ一本釣り漁船だ。船長をしている田氏はカツオ魚群を探すのが得意なだけではなく、カツオ釣りも非常に上手。民国50から70年代（1961～1990）は緑島カツオ一本釣り漁の最盛期だった。息子の田亦生氏はこう振り返る。「漁獲量によって舳先や艫に旗を立てられるが、5～600キロで旗が一本、1000キロで旗を二本立てられるが、光満号は旗を立てて返ってくることが多い。父の釣りの腕はすごいんだ。一隻の船に十人が釣りをしていたとすると、父一人で合計の三分の一の量を釣れてしまう。そのくらいの腕なんだ。」

力いっぱいだけでは足りない。
前の世代の先輩に教わってはじめて精進できる。

田家のカツオ一本釣りの竿は代々受け継がれてきたものである。田亦生氏は泳ぎが得意だったので、父親と一緒に漁に出るようになった最初のころは、きびなご魚群を探す役目を任されていた。きびなごはカツオ釣りに使う餌だ。当時の緑島のカツオ一本釣りは、サンパンと呼ばれる一種の平底の木造船が使われ、櫂六本で漕いで進ませる。そのサンパンを

田亦生把每一次出海當作練習，用心像老一輩學習，將人生的選擇做到最出色
毎回海に出る事を練習だと思い、前の世代の先輩に学び、人生の決断に最善を尽くす。

鰹竿釣是一門技術，也是需要許多人手，是技術性不可磨滅的一種漁法。
カツオの一本釣りは人手を多く要する、また技術ハードルが高い漁法である。

©綠色

夫體力要很好。「釣鰹魚的母船，如果那天手氣好，一整天來來回回釣個三、四趟是家常便飯，有時候我甚至要游半個綠島，才能夠抓到足夠多的丁香魚。」

然而，找到魚群，不代表能夠順利捕撈，在接近魚群時，如果驚擾到牠們，魚群散開來，一切等於白做工。田亦生用心跟老一輩學習，他只要看一眼，就知道找到的是比較怕人的，還是比較不怕人的丁香魚群。「如果是比較怕人的，遠遠的就要圍起來，因為只要人一靠近，魚群就會亂竄。牠們在海面上的色澤，接近木頭的顏色，另一種不怕人，俗稱『軟骨』（台語），在海面下方呈現深藍色，而且肚子的邊邊比較白。還有，聚集的地點也不一樣，怕生的，多在潮間帶，軟骨的，主要在龍門岩、哈巴狗那邊，礁岩彎進去下面比較深的地方。」

諳水性的田亦生，這輩子有兩次在海中與死神擦身而過，其中一次就是為了抓丁香魚。「那次是在朝日溫泉的火雞岩附近的潮間帶，我們一共有十幾個人上去網丁香魚，沒想到一個大浪打過來，我被大浪帶進潮間帶的一

島の東側まで漕いできびなごを獲ってくるのだが、朝日温泉エリアは急な海流で有名なぐらいなので、人で漕いで進ませるサンパンではなかなかこのエリアを突破できない。しばらく休んでからまた漕ぎ出してでもたどり着かないで戻ってくる事もあるから、漁師は体力がよくないとできない。「カツオ一本釣りの親船は運がよければ一日に三、四往復することもよくある。十分な餌を獲るために、ときどき緑島の半分を泳がないといけない。」

魚群が見つかったからといって、捕獲できるわけではない。驚かせると散ってしまって、ここまでの努力が全て無駄になってしまう。田氏は前の世代の先輩に教わり、見つかったきびなごは比較的に人間を怖がるのか、怖がらないのかを見分けることができる。「比較的に人間を怖がるきびなごであれば、人が近づくと散ってしまうから、遠いところから囲い始めないといけない。海面から見ると木の色に近い。また、比較的に人を怖がらないのは台湾語で『軟骨』といい、海面から見た色は濃い青で腹付近は白っぽい色をしている。集まる場所も違う。前者は主に潮間帯

漁人示範將假餌纏繞在魚鉤上。
まずは疑似餌をつける。

事前要先捕撈活丁香魚當餌，屆時將灑在海面上。
事前に生きたきびなごをまず獲って、のちに海にばらま

漁人拿著水簾裝置，是用來噴水製造丁香魚群集的假象。
水を撒く裝置。水を撒くことで、きびなごが多く集まっ
ているように見せかける。

漁人示範下竿後，要緩一下讓餌在海面上飄。
竿を下ろした後は、しばらく餌を海面上に浮かべておく。

順 勝

個洞裡面，臉上的水鏡被浪打掉，在海裡我的眼睛只看得到光，還好那個洞另外有開口，我奮力游出去，不然就死了。」找到生路的田亦生被送回家，全身流血的模樣把家人給嚇到了。

在討海的日子裡，因為一顆單純「想做好」的心，田亦生拿到了許多大海教的學分，不但讓他的生活得心應手，也讓他的每一天都有成長和累積。

其中一個學分，是「耐」。田亦生說：「跟大海博鬥要有毅力，不是一整天都有魚釣，魚不吃餌的時候，你要怎麼忍耐到那個程度，你不等到潮流過去，就抓不到魚。潮流更換時，魚吃餌的意願就高，就要等，耐性很重要。在海上，要耐得住大太陽，要耐得住餓肚子。還有，釣鰹魚要專注，眼睛要一直看著擬餌，無形中個性方面就會比較有耐力。所以討海人要『耐』。」

在鰹魚被丁香魚誘釣的過程中，他也觀察到「餓魚難誘，飽魚好誘」的有趣現象。「丁香魚活餌不夠的話，有時候鰹魚會在一直吃的過程中突然醒

にいて、後者は龍門岩、哈巴狗の方、礁岩灣を入った奥のほうにいる。」

泳ぐのが得意だった田氏でも死にかけたことが二度ある。そのうちの一回がきびなごを獲るためにだった。「あれは朝日温泉の火鶏岩近くの潮間帯だった。十数人できびなごを獲りにいったが、高い波に潮間帯付近の洞窟までさらわれ、水中眼鏡も波にもっていかれて、海水の中で光りしか見えなかった。その洞窟に別の出入り口があったので、そっちに向かって全力で泳いだから何とか助かった。」死から逃れた田氏は家に送られ、血まみれになった姿を見た家族は心配でならなかった。

海で漁をする日々の中で「よりよくしたい」という単純な気持ちを持ち続けた結果、海からたくさん教わった。それで生活が自在になり、毎日に成長と積み重ねがある。

海から教わったことの一つは「ねばる」ことだ。田氏はこう言う。「海と戦うには根性が必要。一日中釣れる訳ではない。餌を食べないなら待

在使用釣竿時，要用肚子把釣竿頂穩。
お腹で釣竿を支える。

一秒鐘釣一條魚的鰹竿釣精彩畫面。
1秒で1匹が釣れる、カツオ一本釣りの代表的な場面だ。

©綠色和

過來，然後就跑掉；如果有更多丁香魚一直給牠吃，牠會吃到笨笨的，吃愈飽又愈愛吃，就容易吃到假餌而上勾。」

出海如果釣不到魚，田亦生不會怨嘆天候不佳、手氣不好，而會去思考，為什麼別人滿載，自己卻釣不到魚？「天候變化，潮汐變化，都可能是原因，要思考，要去記，無形中增加智慧。不去思考，為什麼今天釣不到魚。好比明天要綁什麼擬餌，魚比較喜歡吃？我去台灣自來水公司工作，工作之餘讀六年補校，很有幫助，也學日本人的釣魚技術，從中吸取經驗。不會的地方，我就去找答案。」

總結六十歲以前的人生，田亦生說：「向大海討生活，就是要練就耐力，遇到問題要懂得動頭腦，想辦法解決；吃人家頭路，就是要負責。」對田亦生而言，做出選擇之後，如何把你的選擇做到發光發熱、做到能夠說服自己的極致程度，比最初的選擇，還要來得更重要。

つ。海流が通り過ぎないと魚が獲れない。海流が変わるときに魚は比較的に餌を食べてくれる。だから辛抱強く待つんだ。海面上にいるから太陽にも耐えないといけない、お腹が空いても我慢するしかない。カツオの一本釣りは集中力が必要、目はフローティングをずっと見てるから自然と忍耐力がつく。だから漁師はねばり強さが大切。」

「きびなごに惹かれるカツオは、お腹が空いているほうが釣りにくく、お腹一杯のほうが釣りやすい」という面白い現象に気づいた。「きびなごの数が足りないと、カツオは途中で我に返り逃げ出す。でも、きびなごが食べきれないほどあったら、頭が働かなくなり、食べても食べてもまだ食べたいと疑似餌を食べてくれて釣れる」と田氏は言う。

海に出て魚が釣れなかったとき、田氏は天候や運のせいにはしない。他の人は船一杯釣れたのに、どうして自分は釣れなかったのかを考える。「天候、海流の変化など全てが原因となりうる。考えて経験として積み上げることで智慧が増える。今日は駄目だったと嘆かない。明日はどん

綠島鄉位於台灣東側的太平洋上，台灣四大附屬海島之一，是世界上最巨大且年老的活珊瑚群體。西元1970-1980年代，是綠島鰹竿釣全盛時期，有近十艘鰹竿釣漁船以此為生，不少船主還開設柴魚加工廠，是島上的主要產業。

綠島は台湾東側の太平洋上に位置しており、台湾の4つの離島のうちの1つである。世界で最も大きく、古い生きたサンゴ礁群がここにある。1970から1980年代は綠島カツオ一本釣りの全盛期だった。当時は10隻近くのカツオ一本釣り漁船がこれを生業にしていた。船の持ち主の多くがカツオ加工工場を持つほど、島上の主な産業である。

な疑似餌にしたほうが食べてくれるのかなどを考える。台湾自來水公司という会社に勤めたけど、働きながら夜間学級に六年間通った。勉強したのは役立った。日本人の釣り技術や経験から学び、分からないことがあったら答えを見つけ出す。」

60歳までの人生について田氏はこう述べる。「海で生活するのに粘り強さは欠かせない。問題に直面したら頭を働かせて解決する。また人に雇われた以上、きちんと責任をもって仕事する」。田氏にとって、決断したからにはその決断を自分が納得できる究極までこなす事の方が、最初の決断よりも重要である。

©綠色和平

鰹竿釣達人－田亦生
綠島田の家民宿－台東縣綠島鄉58號
886 8 967 2268

池塘有魚
10:30-14:30、17:00-20:30 不定期公休
台東縣綠島鄉南寮路137號
886 8 967 2683

カツオ一本釣り名人－田亦生
綠島田の家民宿－台東県綠島鄉58号
886 8 967 2268

池塘有魚
10:30-14:30、17:00-20:30 不定休
台東県綠島鄉南寮路137号
886 8 967 2683

拼板舟

拼板舟

——

蘭嶼・東清｜2至8月｜鬼頭刀

蘭嶼・東清｜2月から8月｜シイラ

蘭嶼位於台灣本島東南方外海西太平洋上，達悟語是「人之島」的意思，島上居民多為達悟族。分為六個部落：椰油、漁人、紅頭、朗島、東清、野銀。各部落展現其自主性，以部落為主導，發展出不同的風格和定位。其中東清部落（I-RAN-MEY-LEK）意指太陽最先升起之地，部落灘頭常見拼板舟的身影。蘭嶼拼板舟文化，反映著族群跟海洋環境的關係，在生態多樣性的海島上，孕育出多元而精彩的文化。

蘭嶼は台湾本島の南東沖にある西太平洋に浮かぶ島であり、タオ族語では「人の島」を意味する。島の住民の多くはタオ族の人であり、椰油、漁人、紅頭、朗島、東清、野銀の六つの部落に分かれている。各部落はそれぞれに自主性を持っており、主体的にそれぞれの文化や位置づけを展開している。その中の東清部落（I-RAN-MEY-LEK）は太陽が最初に昇った場所を意味する。部落の埠頭にはよく拼板舟を見かける。蘭嶼の拼板舟文化は民族と海洋環境のつながりを象徴し、多様な生態系を持ち、多元的な素晴らしい文化が島に生まれている。

達悟族的一年只有三季：飛魚汛期（Rayon）、飛魚捕撈終了的季節（Teiteika），以及等待飛魚的季節（Amiyan）。可以看出，達悟族人的生活，是以飛魚為主軸。在知名的飛魚季後期，達悟族男人們熱血沸騰的重頭戲登場，那就是用飛魚當餌，釣鬼頭刀魚（達悟族語Arayo），因為釣到的數量，將決定男人的社會地位高低。

蘭嶼有六個部落，每一個部落都有擅長釣鬼頭刀魚的高手，在東清部落的黃杜混就是其中一位，依然堅持著遵守傳統捕魚技巧與方法，依照飛魚季汛期，用傳統拼板舟出海捕撈飛魚和鬼頭刀魚的耆老。

大海是男人的戰場，鬼頭刀魚是男人的食物
五十歲以後是黃杜混釣鬼頭刀魚的高峰期，他這輩子曾有兩次釣到體型特大的鬼頭刀魚，其中一次就是在五十歲那年釣上的。根據黃杜混用雙手比出來的長寬目測，大約是長一百三十公分、寬達五十公分的大魚，沒有親

タオ族は一年間に三季しかない。それぞれ飛魚漁期（Rayon）、飛魚捕獲終了期（Teiteika）、飛魚待機期（Amiyan）である。タオ族の人の生活が飛魚を中心にしていることが分かる。よく知られている飛魚漁期が終えたら、タオ族の男たちに血を沸かせるほど大切な儀式がいよいよ登場する。飛魚をエサにシイラ（タオ族語ではarayo）を釣る行事が始まる。釣れた数によって男としての社会地位が決まるという。

蘭嶼には六つの部落があり、それぞれの部落に必ずシイラ釣りの名人がいる。東清部落の黃杜混はそのうちの一人の耆老であり、伝統的な魚を捕る方法及び技術を守り、飛魚漁期に伝統的な拼板舟（タタラ、tatala）で飛魚及びシイラを捕りに漁に出る。

海は男の戦場、シイラは男の糧
黃杜混のシイラ釣りが頂点に達したのは50代に入ってからだった。彼は今までに二回ほど巨大なシイラを釣った経験がある。初めての時はまさに50歳になった年であった。黃杜混が身振り手振りで教えてくれた

至今仍堅持遵守傳統捕魚技巧與方式的黃杜混是海上的不老戰士。
黃杜混は海上の不老戦士であり、伝統的な魚を捕る方法や技術を未だに守っている。

每年飛魚季到了舉行家庭小船招魚祭後，所有的小船就可以出海釣鬼頭刀魚。
毎年、飛魚漁期になると、各家庭で魚招き祭り行事を行い、拼板舟でシイラ釣りの漁に出る。

眼看到，還真的很難想像，那麼大的魚，幾乎都快要跟黃杜混一樣高了。

回憶那一次的經歷，黃杜混說，兇猛的鬼頭刀魚力氣很大，第一時間很快就把釣魚線給拉直了，在大海中翻滾掙扎，有時候你看到牠慢慢靠近船邊，以為牠累了，正想拉牠上船，牠卻使盡力氣把你往海底拉。在海上也不知道經過了多久，一分一秒地跟牠比耐力，一直等到鬼頭刀魚沒有力氣了，才把牠拉上船來。黃杜混的父親曾以部落裡的傳說提醒他，釣鬼頭刀魚一定要小心，如果釣到的魚力氣太大，就把魚線割斷，不然會像傳說裡的族人，一路被拖行到菲律賓去，無法回家。

按照傳統，鬼頭刀魚是只有男人才能夠吃的魚，黃杜混說老人沒有告訴他為什麼，「規定就是這樣。」這條大魚，黃杜混除了自己吃，還分給父親吃，「那時父親還在，當然是先給父親吃，不會先分給別人。」

每年飛魚季到了舉行家庭小船招魚祭後，所有的小船就可以出海專門釣鬼頭刀魚。黃杜混說，無論如何，他每年一定划拼板舟出海釣鬼頭刀魚，村子

大きさから判断すれば、長さは約130センチで幅は約50センチほどの大魚だと思われるが、実際に見ていないのでとても想像できない。黄杜混の身長にもせまっているほどである。

その時のことを思い出しながら、黄杜混は凶暴なシイラは力が強く、ラインがすぐにまっすぐに引っ張られ、海の中で振って跳ねて抵抗し続ける、と語った。また船が近づけられるようになり、力を尽くしたと思ったら再び力強く海の底に引っ張り始めて、一分一秒が体力の勝負となり、どれほど時間が経ったかも分からない頃にやっと体力が尽き、巻き上げることができた。黄杜混のお父さんはタオ族の伝説で教えを告げてくれたことがある。あまりにも力強いシイラに当たったときにはラインを切ってもいいと話し、そうしなければ伝説の族人のようにフィリピンまで引っ張って行かれてしまい、家に帰れなくなると言う。

伝統では、シイラは男しか食べられない魚である。黄杜混も族人の年寄りから理由は聞いておらず、「とにかくこの決まりだ」としか教わってい

出航前，漁人先擺放好船上用具位置。
出航する前に、漁師はすべての道具を船に準備する。

緩緩將拼板舟推入海中。
拼板舟をゆっくり海に押し込む。

漁人用蝦肉作餌釣飛魚。
漁師がエビをエサに飛魚を釣る。

拋線在船邊之處。
ラインを船のすぐそばに投入。

裡一定要有人出海釣，否則別的村會說我們壞話，說我們很懶惰。

「做事，卻不必說出來」的男子漢魅力
黃杜混三十歲時就跟父親上山學習如何造船，四十歲第一次製作自己的船，陸續共製作過五艘。

對黃杜混來說，船跟人一樣是被賦予生命的，他會跟船說話。出海時如果捕不到魚，他會跟船說：「釣不到的話，上岸會丟臉的。」船則會透過作夢的方式，對黃杜混說話。有一次，一艘船舉辦下水典禮，有一根木條扎到船身，晚上他就夢到有人在哭，說為什麼你不好好照顧我。

達悟族男人要出海捕魚，事先是不會說出來的，主要是怕惡靈知道了會前來破壞。在東清部落的灘頭前有幾顆大礁岩，如果有釣到鬼頭刀魚，會將拼板舟往右划（面對大海的方向）並繞礁岩，代表有收穫；如果沒有就往左划。上了岸，也不會大聲嚷嚷自己釣了幾條，只要把鬼頭刀魚往後一背，你今天是英雄或是「損龜」（台語），大家都看得一清二楚。

ない。釣れたこの大魚は自分とお父さんしか食べなかった。「その頃、お父さんはまだいたのでもちろんお父さんに。ほかの人にはあげない」と語った。

飛魚の漁期になると各家庭で魚招き祭り行事を行い、拼板舟でシイラ釣りの漁に出られるようになる。黃杜混は毎年欠かさず拼板舟でシイラを釣りに行く。釣りにいかない村は「ほかの村から噂され、怠け者だと言われる」という。

「仕事をすりゃいい、口に出す必要がない」という男らしさ
黃杜混は30歳の時からお父さんに船の作り方を習い、40歳になって初めて自分の船をつくった。今まで全部で5基をつくっている

船は人間と同じように命が吹き込まれているから、黃杜混は船に声をかける。漁に出て、うまく捕れないときには「釣れなかったら、恥をかくよ」と船にいう。また、船は夢を通じて黃杜混と話す。ある時、ある船

可用釣到的飛魚作餌，釣鬼頭刀魚。
釣れた飛魚をエサにシイラを釣る。

有時船會漏水，所以要不斷舀水出去。
船は時々浸水するため、常に水を汲み、取り除かなければいけない。

拼板舟與大海，達悟族男人的小宇宙

黃杜混收穫最好的一次，三個月內釣了一百二十條，黃杜混把自己有好收穫的原因，歸功於每天出海的勤勞，以及遵循祖先傳下來的智慧，其中包括捕魚的方法，也包含黃杜混習慣用「迷信」來稱呼的禁忌。他也是一位樂於分享傳統智慧給年輕人的老人家，雖然在達悟族的傳統裡，捕魚的方法通常會留給自己的小孩，不會外傳，但黃杜混自小因為父親經常不在，所以他就跟在部落裡的老人身邊，聽他們講什麼東西怎麼做出海要怎麼釣飛魚和釣鬼頭刀魚、有哪些特別要遵守的迷信。

習慣傳統生活的黃杜混，仍舊住在自己搭蓋的木屋，有涼台和處理魚的魚棚，每天一大早就起床到東清灣看天氣、觀海象，只因為達悟族的男人是屬於大海的。拼板舟與大海，組成了達悟族男人的小宇宙，有著獨特的日月星辰運行規律、神秘難解的奧妙，或許也有一顆自己的星球，或許也有自己才找得到的奇幻秘境。然而這個小宇宙的浩瀚，只屬於勇敢出海搏浪的不老戰士，飛魚與鬼頭刀魚，是一生永遠的召喚。

が進水式の際に木の枝に刺された。その夜、彼は泣き声を聞いた。「しっかり構えてくれ」と聞こえた。

漁をするときには悪霊にばれて邪魔しに来させないよう、タオ族の男が海に出るときには誰にも言わないようにしている。東清部落の埠頭の沖にはいくつか大きい岩礁がある。シイラを釣れた日には拼板舟を右側（海に面した方向から）に寄せて岩礁を一周する行動で収穫があることをアピールする。逆の場合、左に寄せて、そのまま上がる。基本的に自分がどれぐらい釣れたかは大声を出して自慢しない。シイラを背負ってたら、成功者か失敗者か言わなくともわかる。

拼板舟と海、タオ族男の小宇宙

黃杜混にとって最も収穫が良かった年は3か月間に120尾を釣った時だった。黃杜混はその成功の理由を毎日漁に出ること、また、ご先祖様から言い伝えられてきた知恵を忠実に守ることにあるといった。その知恵は捕獲の方法や「迷信」と呼ばれるタブーが含まれている。タオ族の伝

台東縣蘭嶼鄉位於台灣東側的太平洋上，是座四面環海的小島，原住民達悟族在島上的傳統文化隨處可見。夏季~
時，蘭嶼為熱門的旅遊勝地。

台東県蘭嶼郷が台湾東側の太平洋に浮かぶ小さい島、海に囲まれ、島のいたるところにラオ族の伝統的文化が
残されている。夏の蘭嶼は人気ある旅行聖地。

統では魚を捕る方法は自分の子供にしか伝えなかった。しかし、黄杜混のお父さんは留守にしがちであり、いつも部落の年寄りについて飛魚とシイラの釣り方や守るべき迷信を教わったため、自分が伝統から教わった知恵を喜んで若い世帯と分かち合いたいと思っている。

伝統生活に慣れている黄杜混はいまだに自分で作った木造の家に住んでいる。そこには夕涼み台及び魚を処理するための魚小屋が併設されている。毎朝、彼は早起きして東清湾へ天気及び海の状態を確認しに行く。

タオ族の男は海に属する。拼板舟と海でタオ族の男の小宇宙が出来上がる。独特の日月星辰の運行を持っており神秘的で奥深い。自分の星を持っているのかもしれない。自分にしか見えない秘境があるのかもしれない。この無限の小宇宙は勇敢で海と戦う不老戦士に特有である。飛魚とシイラは彼の永遠の目標である。

拼板舟航行體驗
飛魚季以外之季節
可於東清灣詢問當地業者

老海人
10:00-14:00、17:00-20:00　不定期公休
台東縣蘭嶼鄉紅頭村15號
886 8 973 2629
提供各種蘭嶼在地特殊料理

拼板舟乗船体験
飛魚漁期を除く時期
東清湾現地の業者にてお問い合わせ

老海人
10:00-14:00、17:00-20:00　不定休
台東県蘭嶼郷紅頭村15号
886 8 973 2629
蘭嶼の郷土料理を提供

特別感謝

排序：從北到南，從西到東，開頭字筆畫

金山
永漁發168號

臺北
千里步道協會　周聖心、徐銘謙
天稜澄水媒體科技股份有限公司　林裕翔
綠色和平海洋專案　謝易軒、高于棻
澄洋環境顧問執行長　顏寧

苗栗
苗栗縣自然生態學會　郭榮信
苗栗縣後龍鎮大山社區發展協會
後龍鎮地方文史工作者　王啟仁

南投
邵族長老　袁光河
南投縣魚池鄉邵族文化發展協會　石承弘

高雄
日光小林部落耆老　徐大林
日光小林社區發展協會　徐銘駿

花蓮
花蓮縣豐濱鄉靜浦社區發展協會　陳綉花
馬太鞍文史工作室　蔡義昌

臺東
水產試驗所東部海洋生物研究中心　江偉全
臺東縣成功鎮愛鄉協會

蘭嶼
952 vazay-tamo 製刊社
Sinan Jipengaya
Syaman Kamataen
Syapen Mahanang
朗島社區發展協會　Syan Jayod
朗島青年會　Si Manevek
東清部落文史工作者，黃杜混的姪女 Sipnadan Chiang（江薇玲）

澎湖
吉貝石滬保護隊，以及謝大哥

照片授權
排序：按本書出現頁碼

蹦火仔：張明芝 — P.12
鏢旗魚：洪曉敏 — P.40、P.44、P.46、p.49
鰹竿釣：綠色和平基金會 — P.4、P102、P104、P108、P111
石滬：Hally Chen — P.98

小島捕魚：台灣水邊的日常風景
島の伝統漁：台湾水辺の日常

總編輯	周易正
企劃	行人文化實驗室
譯者	王雪雯、黃舒晴
採訪撰稿	李偉麟、駱亭伶、廖芷瑩、王威智
攝影	林永杰、翁子恒、王文彥、陳志勤、劉鎮豪
美術設計	黃瑪琍
責任編輯	范振傑
行銷企劃	毛志翔、郭怡琳
印刷	崎威彩藝

定價	380元
ISBN	978-986-97823-4-0
初版一刷	2019年10月

出版者	行人文化實驗室
發行人	廖美立
地址	10074 台北市中正區南昌路一段49號2樓
電話	02-37652655
傳真	02-37652660
網址	http://flaneur.tw

總經銷	大和書報圖書股份有限公司
電話	02-8990-2588

國家圖書館出版品預行編目（CIP）資料

小島捕魚：台灣水邊的日常風景 / 李偉麟等採訪撰稿；
  周易正總編輯. -- 初版. -- 臺北市：行人文化實驗室，
  2019.10
  128面：18.5×25.7公分
  中日對照
  ISBN 978-986-97823-4-0（平裝）
1.人文地理 2.漁業 3.臺灣
733.4   108015574